不思議の国の会計学

——アメリカと日本

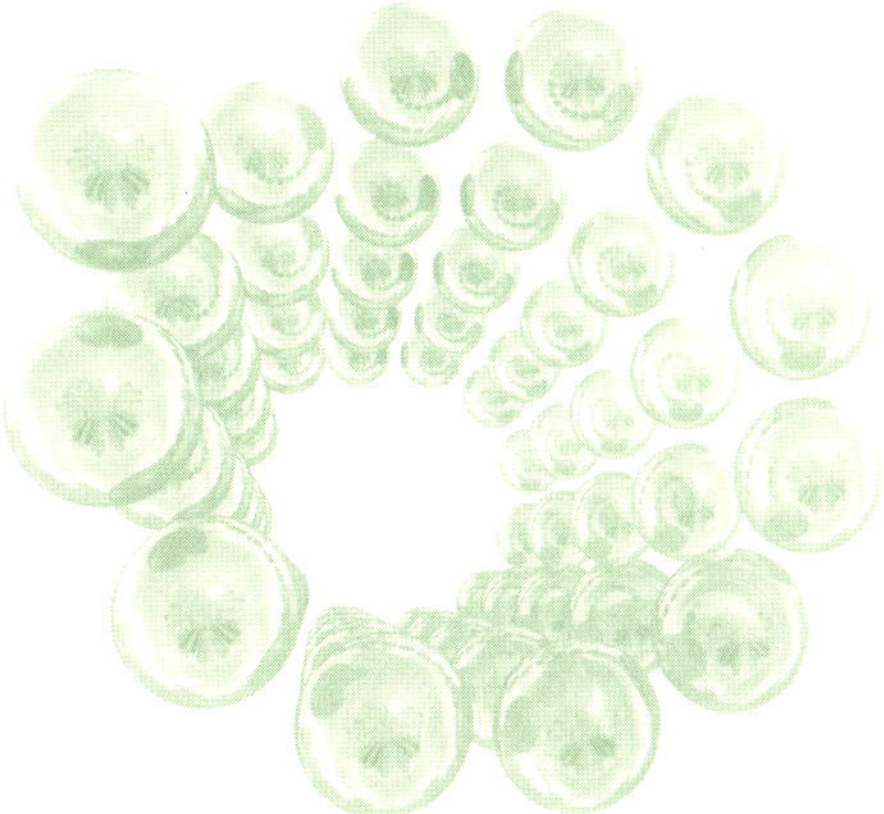

田中 弘
Tanaka Hiroshi

税務経理協会

読者へのメッセージ

一〇年後でしょうか、二〇年後でしょうか、日本の公認会計士試験は英語で行われるようになります。ウソだなんて思わないでください。必ずそうなります。

会計基準をめぐる国際的な駆け引きを見ていますと、近い将来、日本語による公認会計士試験に合格しても、ソニーやトヨタといった国際企業の監査を担当することはできなくなるでしょう。日本の会計士試験は、日本の法律や基準をベースとしたローカルな試験とみなされ、日本国内でしか活動しない企業や国内でしか資金調達しない企業の監査を担当する資格になるかも知れないのです。

国際的な会計士試験の出題範囲は「国際会計基準」とコモンロー、受験するには、国際機関（という形を取った英米の組織）から「一定の教育レベルに達している」という認定を受けた大学で、「英語による会計学の講義」を受講して一定の単位を取得することが必要になるでしょう。

なぜ、そんなことになるのでしょうか。詳しいことは、エピローグで書きたいと思います。

日本人という人種は、不思議な人種です。自分たちの国をどうするかといった、この上もなく重大なことを、自分の頭で考えようとしないのです。自分で考えずに、いつも、外国、それも、恋いこがれているアメリカに判断をゆだねるのです。国家戦略というものを持ち合わせていない国なのです。

アメリカから何か要求されると、いや、何も要求されなくても、先方の気持ちを推し量って、先手を打って、相手の思う通りに自分を変えようとするのです。アメリカにしてみると、こんな甘ちゃんの国は他にないでしょう。

なぜこんなことになったのでしょうか。それは、世界第二位の経済大国という地位に胡座をかき、ひたすらアメリカの真似をしていれば、政治も経済もうまくいってきたからでしょう。

しかし、ソ連という、アメリカにとっての脅威は消え、アメリカは日本という同盟国を必要としなくなり、アメリカが欲しいのは、日本の防衛力でも防波堤としての国土でもなくなり、欲しいのは日本の経済力、日本人が持っている「財布の中身」だけになったのです。会計士の資格や試験を国際統一するのも、日本の「財布の中身」を合法的に収奪するための布石です。

アメリカ人という人種は、不思議を通り越して、不気味な人種です。アメリカ人全部ではないでしょうが、WASP《ワスプ》（White, Anglo–Saxon, Protestant）と呼ばれるアメリカン・エリート達がアメリカの富を収奪し、さらに強欲にも日本の富に手を伸ばしてきています。

アメリカ通商代表部の『外国貿易障壁報告書』二〇〇二年版には、「国際会計基準を日本に導入させる狙いのひとつには、外資による日本企業の買収を妨げる系列や株式持ち合いの解消を促進し、外資が株を取得するチャンスを増やすことも含まれている」といったことが書いてあるそうです（関岡英之、二〇〇四年、一二一頁による）。もちろん、ここでいう「外資」とは、アメリカ資本のことです。

日本が国際会計基準を全面的に採り入れるまで「レジェンド」問題は解決しないでしょう。しかし、この問題が解決するときは、外資による日本企業の買い叩きが始まるのです。


本書は、会計という視点から「素顔のアメリカ」「日本の真実」を伝えることを目的に書いたものです。

前著『原点復帰の会計学』『会計学の座標軸』に続いて、本書も、税務経理協会・大坪嘉春社長にいろいろご無理を聞いていただきました。記して感謝申し上げます。

本書は、「Right Now!」編集長の清水香織さんと、書籍製作部の小高真美さんにお手伝いいただきました。心からお礼申し上げます。

二〇〇四年七月二日

田中　弘

目次

第2章　ギャンブラーのためのアメリカ会計
——四半期報告、包括利益、合併会計、プロフォーマ財務諸表、ストックオプション

プロローグ——不思議の国の会計学

「今の日本はどこか異常である。自分たちの国をどうするか、自分の頭で自律的に考えようとする意欲を衰えさせる病がどこかで深く潜行している。」

——関岡英之著『拒否できない日本』

日本の会計は、独自路線（Going my way）を行くようなことを口にしながら、やっていることは、アメリカ追随（Following the American way）です。今回の会計ビッグバンも、アメリカに指図されて始めたものです。

アメリカにとって、日本は「やり放題」の国です。アメリカがいうことはすべて実行し、いわれてもいないことも、あうんの呼吸で相手の希望や願望を嗅ぎ取って、「自発的に」自分を変えようとします。自衛隊のイラク派遣といった国際政治の話から、金融業の規制緩和といった国内問題まで、アメリカに気に入られるように、「アメリカ色」に染まろうとしているのです。

会計も例外ではありません。アメリカの会計基準が変われば、それに倣って日本の基準も変えようとします。後で詳しく述べますが、アメリカの基準は、「世界で一番進んでいる」とか「世界でもっとも厳格だ」と評価されていますが、アメリカが世界で最も進んでいるのは、基準というより、経済不正です。

アメリカは先進的な金融技術が駆使されている社会であるために、経済不正や会計の不正も先進的なテクニックを駆使したものが世界に先駆けて発生します。そうした新しい不正の再発を防止するために、厳しい基準や厳罰が世界に先駆けて誕生するのです。あの国の会計基準は、そうした意味で、「火消し基準」なのです。

日本では、そんなことにもお構いなく、アメリカ基準を取り込もうとします。時価会計の基準も減損会計の基準も、アメリカにおける不正な会計に対する対策として作られたのですが、日本人には「先進的」な基準のように見えるようです。

時価会計も減損会計も、すでにアメリカで実施されているのだから、すでにワクチンが投与されていて、日本に持ち込んでも大丈夫だというようなことをいう人もいます。しかし、アメリカの基準は、アメリカの事件、アメリカの不正に対する療法です。そんな基準を、同種の事件や不正のない日本に持ち込めば、日本の会計がおかしくなるのは目に見えています。

その、アメリカですが、この国の会計も、わが国に劣らず、不思議に満ちています。この国の会計基準は、国策・国益、産業振興が最優先されて決まります。その次が、政治献金です。特定の産業や特定の企業にとって有利になるように、業界挙げて政治献金が行われ、それが会計基準を左右します。エンロンの事件が明るみに出た後でさえ、「ブッシュ政権はいかなる会計ルールの見直しにも断固として反対してきた」（ポール・クルーグマン、三上訳、二〇〇四年、一五二頁）のです。それだけエネルギー業界からたっぷりと献金をせしめているのです。

会計士業界も負けていません。「会計監査業界は、ワシントンに強力なロビー活動を行っており、彼らは議会の代表が法律を持ち出すと、そのインクが乾く前に骨抜きに薄めてしまう」（S・E・スクワイヤ他、平野訳、二〇〇三年、一九四頁）というのです。政治献金の力で基準を変え、規制をなし崩しにしてしまうのです。

アメリカの政治家にとって会計士業界は金づるです。「会計士業界の規制を強化するぞ」というポーズを取るだけで、政治資金が手に入るのです。エンロンの不正が発覚した後、同社の監査とコンサルティングを担当したアンダーセン事務所の会計士がいうのです、「会計士業界からの献金を継続して受け取るのをやめようとする政治家がいるとは信じられない」と。

規制する側（政治家）が規制を受ける側（会社、会計士）から政治献金を受け取っていれば、規制の中身や厳格さは推して知るべしです。


本書では、不思議の国——アメリカと日本——の会計を取り上げました。二つの国の「不思議さ」は内容が違いますが、どちらの国も、こんな会計を続けていたら国を滅ぼすことになりかねません。

では、アメリカはどうすればいいか、などということは本書のテーマではありません。日本の会計はどうあるべきか、この点については、本書の全体を通して、いろいろな提言をしています。

第1章「アメリカ会計の練金術——高収益力を演出する会計テクニック」では、アメリカの経営・会計で活用されている「悪魔の錬金術」を紹介します。あまりにも幼稚な手口であったり、人をバカにしたような細工であったり、思わず膝を叩きたくなるような巧妙な手であったり、その数の多さに驚かれることと思います。

しかし、こんなことで驚いているわけにはいかないようです。不吉にも、クルーグマン教授はこんなことをいうのです。

「これまで発覚した巨額のビジネス・スキャンダルは、それぞれ異なる手口を用いている。したがってエンロンや、ワールドコムのような策略をめぐらした企業が他にもあったと考えるだけでは、十分ではないのである。当然のことながら、他の企業は他のトリックを使ったに違いないのだ。」(ポール・クルーグマン、三上訳、二〇〇四年、一四九－一五〇頁)

アメリカの会計が抱える問題は、こうした「悪魔の錬金術」「インチキ会計」「トリック会計」だけではありません。一見してまともと見える会計でも、制度が予定したようには運用されず、経営者や政治家の私利私欲を満たす手段に変えられてしまっているのです。そんな手口とされたのが、第2章「ギャンブラーのためのアメリカ会計」で紹介する、四半期報告、包括利益、合併会計、プロフォーマ財務諸表、そして、ストックオプションです。

第3章から後は日本の会計を取り上げています。

第3章「金融ビッグバンと会計改革から学んだこと」では、金融ビッグバンの狙いと会計改革の役割を取り上げます。金融ビッグバンの下で、会計はいかなる役割が期待されているのか、その役割を十分に果たしているかどうか、を検証します。

第4章「亡国の減損会計」では、減損処理を巡る、わが国特有の問題として、タイミングの問題、中小企業への適用問題、減損損失の税務処理の問題を取り上げています。

本章の最後に、減損会計や時価会計のような国際的動向に合わせるために設定する基準は、国際的な活動をしている企業や国際的に資金調達している企業の「連結財務諸表だけに適用」することとし、個別企業の財務諸表（単体）には、商法に定められた伝統的な原価主義会計を適用することを提案しています。

そうすれば、時価会計や減損会計で国中が混乱することもなく、証券市場や不動産市場が機能不全に陥ることもなく、債務超過に陥る危険も新たな不良債権が発生する危険もなくなるからです。

「国際会計基準は連結に適用」というのは、ＥＵが採用を予定している方法でもあり、国際的な流れとも一致しています。もともと先進国では、アニュアル・リポートで個別財務諸表を開示する国はフランスと日本くらいです。アメリカ企業の個別財務諸表を見たことがありますか。ドイツ企業の個別財務諸表を見たことがありますか。もともと、先進諸国では財務諸表といえば「連結財務諸表」を指し、一般に公開するのは連結だけです。個々の企業が作成する財務諸表には、その国の商法・会社法や国内会計基準を適用しているのです。

第5章「不思議の国の時価会計」では、最初に、IAS三九号の誕生秘話を紹介します。実は、IAS三九号という時価基準は、IASC事務総長であったカーズバーグと、IASB議長のトウィーディーの「遺恨晴らし」のために作られたものです。この二人がなぜ、何が何でも、力ずくでもすべての資産・負債を時価評価させようとしているのか、本章をお読み下されば分かります。

本章の後半は、わが国の時価会計を取り上げます。私はすでに時価会計を批判した本を二冊（二〇〇二年aおよび二〇〇三年a）も書いていますが、わが国の時価会計には、二冊では書ききれない不思議があるのです。

第1章 アメリカ会計の錬金術

——高収益力を演出する会計テクニック

世界標準といわれてきたアメリカの会計が、これほどインチキ臭いものだとは、誰も想像しなかった。エンロン事件がそれを暴いてくれたが、それでも氷山の一角かもしれない。多くの大企業とアンダーセンを喪って初めて、会計と監査の重みを知るようでは遅すぎるが、日本はこれを他山の石とすべきであろう。

先進国の経済犯罪

腐ったリンゴはいくつあったのか

「会計先進国」と信じられていたアメリカで、エンロン、ワールドコム、グローバル・クロッシングなど、巨大企業の「不正な会計」が相次いで発覚している。それも、「破綻間際の悪あがき」といった小細工ではなく、日常的に繰り返されてきた企業不正であった。

情けないことに企業決算のお目付役として会計監査を担当した公認会計士事務所（監査法人）が利益操作や粉飾の知恵を授けたり、不正に目をつぶったり、会計基準の裏をかいくぐったり、明るみに出た部分だけでも「九・一一（同時テロ）」に匹敵する大事件である。

アメリカ大統領のブッシュは、エンロンの事件を指して、「樽の中の一つの腐ったリンゴ」と評したが、エンロン以後も、数え切れないほどの腐ったリンゴが発見されている。「腐ったリンゴ」事件は、単にアメリカの巨大企業が破綻したというレベルの話に収まらず、グローバル・スタンダードと呼ばれる世界の経済システムを根本から揺るがす事件でもある。

エコノミストのクルーグマン教授はいう。「私はエンロンの事件が特別なケースであったことを祈る。しかし本当にそうなら、とても驚きである」(ポール・クルーグマン、三上義一訳、二〇〇三年、一三九頁)と。彼によれば、エンロンのケースは、「極端であったとはいえ、特に珍しいケースではない」(同上、一四〇頁)のだ。

この一連の事件を機に、企業決算の真実性やストックオプションによる経営に対する不信感が高まり、信用と信頼の代名詞ともいうべき会計士と会計事務所は「粉飾・不正コンサルタント」という目でしか見られなくなってしまった。

先進的な不正

アメリカの経済界では、世界に先駆けて事件が発生する。特に、金が絡んだ事件はそうである。経済が発達し、先進的な金融技術が駆使されている社会であるから、経済不正も先進的なテクニックを駆使したものが世界に先駆けて発生する。しかも、けた外れに巨額である。

この国の会計ルールが「世界で一番進んでいる」とか「世界で一番厳しい」といわれてきたのも、会計や経営を巡る不正やトラブルが「先進的!」だからでもある。ルールというのは、事件もトラブルもないところには必要もない。アメリカに世界で一番厳しいルールが生まれるのは、それだけこの国に金銭が絡んだ不正や問題が多いからである。

なお、報道では、しばしば「会計不正」という表現が使われている。どこか会計を悪者にした表現である。しかし、会計は単なる道具であるから、会計が不正を働くことはできない。包丁を使って人殺しをしても、誰も「包丁不正」とは呼ばない。会計という道具を経営者が悪用して不正を働くのであるから、「経営者による不正な会計（処理）」というような、不正を働く張本人が誰かを明らかにするような表現を使ってほしいところである。

望みどおりの利益を出す方法

今から十数年前、イギリスの経済ジャーナリストであるイアン・グリフィスが、Creative Accounting と題する本を書いた。副題が、「望みどおりの利益を出す方法（How to make your profits what you want them to be)」とあった。この本は売れたという。

本書の冒頭で、グリフィスは次のようにいう。

「この国では、どの会社も、利益をごまかしている。どの会社の財務諸表も帳簿を元に作られているが、その帳簿が、軽く手を加えられているか、完全なでっちあげなのだ。年に二回投資社会に提供される数値は、すべて有罪にならないように加工されている。これはトロイの木馬以来、最悪の詐欺である。……（ところが）実は、このペテンがすべて美味なのである。まったく合法である。それが、Creative Accounting なのだ。」

この本はイギリスで発刊されたものであるが、以下に述べるように、事情はアメリカも同じである。いや、アメリカのほうが、何倍も「すごい」のではなかろうか。アメリカの場合、とりわけ一九九七年以降、「企業は収益を増大しているような幻影をつくり出すために、会計上のトリックを段々と積極的に使うようになった」（クルーグマン、二〇〇三年、一四一頁）という。

以下に、その「ものすごさ」を紹介する。Creative Accounting とはいかなるものかについては、後述する。

なお、英米では、会計帳簿を操作することを「料理する（cook）」という。それがひどくなると「こんがり焼く（roast）」となる。自然科学の世界では、得られた実験結果に手を加えることを「数字をもむ（massage）」という。わが国では、「鉛筆をなめる」などともいう。

高株価経営

利益は経営者報酬を大きくする手段

今更いうまでもないことであろうが、企業の目的は、「利益を得る」ことにある。企業は慈善事業ではないのだから、利益を稼ぐ目的で経営される。利益を稼ぐからこそ、投資家が企業に資金を投入する。

「企業の目的は利益を稼ぐこと」——これは不変の真実だと思っていたら、どうもそうではない。アメリカの企業についていえば、「企業の目的は利益であった」と過去形で表現したほうがよい時代になった。今や、アメリカ企業にとって利益とは、「手段」でしかない。何のための手段かというと、株価を吊り上げ、経営者の報酬を大きくする手段である。

利益を獲得することが経営の目的であった時代には、経営者は、確実な利益、分配可能な利益、キャッシュ・フローの裏付けのある利益、経常的に獲得できる利益を目指した。ところが、ある時期から、アメリカの経営が利益額の嵩上《かさあ》げに走り出したのだ。その時期は、高株価経営とかROE（株主資本利益率）経営がもてはやされ始めた時期である。

よく知られるように、アメリカの経営者は、報酬の大きさが有能の証とされ、より高額の報酬を出す企業に移籍することも多い。有能な人が会社経営の舵取りをすると、後で紹介するような「ビッグバス会計」とか「減損処理」を使って会社の「V字回復」を演出し、急速に株価を上昇させる。株主たちは、V字回復した利益から高率の配当金を受け取ってもよいし、株価が上昇した段階で持ち株を売却して売却益を手にしてもよい。そこで株主は、株価を上昇させることができる経営者に、高額の報酬を払うようになる。

株主にしてみれば、高額の報酬を支払ってでも経営成績を向上させ株価を引き上げることを歓迎した。そのために、優秀な経営者の報酬はうなぎ上りに上がり、天井知らずとなった。

経営者報酬を公表するとキッド・ナッピングが起きる

アメリカの証券市場を監視する役目を担うのは証券取引委員会（SEC《エスイーシー》）であるが、そのSECは、一部の経営者の報酬が国民感情を逆撫でするくらいあまりにも高額過ぎるとして、経営者報酬を抑えようとした。ところが、「自由の国アメリカ」では政府の機関が私企業に直接に口出しすることはできない。そこで、経営者の報酬を財務諸表に書かせることにしたのである。

しかしそれは、高額の報酬を受け取る経営者にとって都合が悪かった。理由は二つある。一つは税金で、もう一つは、キッド・ナッピング、つまり子供や夫人が誘拐される危険が増すことであった。あの社長は年間何十億ドルも報酬をもらっているなどということが会社の報告書に出たとすると、強請《ゆすり》・たかり、強盗、空き巣狙いから、悪いときには子供が誘拐され、夫人が狙われる。経営者にしてみたら、報酬額は公開してほしくないのである。

SECの思惑通りに経営者の報酬を下げたり成功報酬を抑えたりすれば、有能な経営者は他の会社に移ってしまう。有能な経営者を残しておくためには高額の報酬を払わなければならない。しかし、現金で払うとなればこれをディスクローズしなければならない。

そこで、会社は経営者に自家用車や自家用飛行機を買い与える、マンハッタンの最高級ペンションを与える、別荘を与える、退職してからの年金をつけるなどの形で報酬を渡そうとした。

しかし、そうした報酬は金額的にはたかが知れている。「モノ」で支払うには限度があるし、経営者も喜ばない。そういうことで考え出されたのが、ストックオプションである。

ストックオプション（株式購入選択権）は、会社から一定の価格で株式を購入することができる権利で、権利を付与された経営者や従業員がストックオプションを行使して安い価格で株式を購入し、高い価格で売却して売却益を手に入れる。会社からすると、ストックオプションが行使された場合に、安い価格で株式を引き渡さなければならないことから、自社株の購入価額と権利行使価格との差額は費用となる。

ストックオプションはねずみ講的な仕組み

ストックオプションなら報酬はいくらでも出せる。なおかつ、アメリカの会計基準ではストックオプションを付与しても権利が行使されるまで費用計上しなくてもよい。費用計上しなくてもよいということは、会社にとってはそれだけ利益を大きく報告することができ、株価を高めることができる。

クルーグマン教授はいう、「高い株価は、企業が実体のない利益をつくり出すための会計トリックとして利用できる。そしてそのことがまた株価を吊り上げることになる。これこそまさに一種のねずみ講的な仕組みだといえるのではないか」（ポール・クルーグマン、二〇〇三年、一三七頁）。

高株価は株主にとっても歓迎すべきことである。経営者からみても経営者報酬としてディスクローズされないという大きなメリットがある。かくして、ほとんどの会社は、経営者報酬をストックオプションで払うようになった。今では、経営者報酬の八割がストックオプションで払われているという（赤木昭夫、二〇〇二年、一六三頁）。

大企業の経営者は、一九八〇年当時、管理職でない労働者の四五倍の報酬を手にしていた。それが、一九九五年には一六〇倍、一九九七年には三〇五倍、二〇〇〇年には四五八倍ものカネを手にするようになったという（クルーグマン、一四一頁）。日本の大企業の社長が、新入社員が受け取る初任給の一〇倍かそこらの報酬しか受け取っていないのと比べてみると、異常さがよくわかる。ちなみに、上場会社の役員報酬は、従業員の平均給与（八〇〇万円）の約四倍、三二〇〇万円にしかならない（日本経済新聞、二〇〇四年七月三日）。

ことの善悪も株価が決める

株価と連動させたストックオプションは、株価を上昇させない限り、経営者にはメリットがない。株価を上昇させることができれば、この制度を使って巨額の報酬を手にすることができる。かくして、この国で、「高株価経営」が誕生した。

アメリカでは、経済だけではなく、「ことの善悪」をも株価が決めてしまうとまでいわれている（トマス・オボイルの言葉として、東谷暁、二〇〇二年、二八二頁で紹介されている）。高株価は経済的成功のシンボルであるが、この国では、株価が上昇すればすべてが善、下落すればすべてが悪とされるのである。となると、「ことの善悪」とは関係なく、「株価を上昇させる手」がすべて「善」となる。

ギャンブラーのための四半期《しはんき》報告

アメリカの企業は、四半期（三か月）ごとに経営成果を計算・報告する。そこで、株価に敏感に反応する経営をするには、毎四半期に何らかのグッド・ニュースを報告しなければならない。投資家も、四半期ごとの利益額を見て株を買ったり売ったりする。アメリカの投資家は、次第に短期的な投資観しか持たなくなり、アメリカの経営者はそうした近視眼的な投資家の情報ニーズに合わせた会計報告をするようになった。

わずか四半期（三か月）かそこらでは、本業の利益が大きく変動することはない。短期的に変わるとすれば、財産の金額、特に、価格変動にさらされている金融商品やデリバティブの価値である。アメリカの企業が、M&A（企業の買収と取得。要するに、他企業の乗っ取り）を盛んに行うのも、デリバティブ（金融派生商品）に手を出すのも、ギャンブルまがいの取引を繰り返すのも、簡単に利益をひねり出せるからである。いや、短期的に「利益を作る」ことができるからである。

かくして、アメリカの四半期報告でもっとも重視されるのは短期利益の多寡《たか》である。ここでは、

「利益を稼ぐ」ことが重要なのではなく、「利益額を大きく報告する」ことが重要なのだ。そうなると「モノ」を作って売るなどといったまどろっこしい商売では間に合わなくなる。そこで手っ取り早く利益をひねり出せる金融に狂奔する企業が増えたのである。

かつては電機製品製造の雄であったゼネラル・エレクトリックス（GE）でさえ、家電部門を次々に売却して、その金で金融会社を買収し、ついに、グループ内のGEキャピタルが、グループ全体の売上げの過半を、利益の四割を占めるようになっているという（東谷暁、二〇〇二年、二七七－二七九頁による）。アメリカ企業の最大の収益源の一つが、マネー・ゲームなのだ。

利益が「目的」ではなく、経営の「手段」と化した途端、アメリカ企業は、他企業を買収したり、デリバティブを使ったり、未実現の利益を計上したり、将来利益を時価評価（前倒し）したり、費用を先送りしたりして、何が何でも利益の額を嵩上《かさ》げし始めた。

以下、アメリカ企業の錬金術を紹介する。あまりの手口の多さとあくどさに、きっとあきれかえるであろう。

利益を作る会計テクニック

エンロンの「利益先取り会計」

エンロンといえば、アメリカの多くの大学院（ビジネス・スクール）で、現代を代表する優良企業して褒《ほ》め称《たた》えられてきた。そのエンロンの経営が、実は、クルーグマン教授の言葉を借りれば、「投資詐欺」、つまり「ねずみ講」程度のものであったのである（クルーグマン、二〇〇三年、一八頁）。

エンロンの実態に迫る前に、エンロン・モデルともいうべきトリックを紹介する。クルーグマン教授は、「サギの味」と題する『ニューヨーク・タイムズ紙』のコラムで、エンロンをアイスクリーム屋にたとえて、こんな話を紹介している。

まず、顧客に、今後三〇年間、毎日、アイスクリームを提供するという契約を結ぶ。その際、わざと一個当たりアイスクリームのコストを過小にしておく。そして、三〇年間にアイスクリームから上がると予想される利益を今年の利益として計上する。これで、この会社は非常に収益性の高いビジネスを行っているかのように粉飾することができ、株価を吊り上げることができる

（同上、一四八頁）。

エンロンは、石油・天然ガス・電力の先物販売をドル箱としていた。エンロンは、電力会社や工場などと何か月か先に決まった値段で石油・ガスを供給する先物契約を結び、さらにこの先物契約の権利を売買する市場を作り、自ら売買して利益を増やした。

石油・ガスの先物も、先物契約の権利を売買するのも、商品が「エネルギー」というだけで、中身は株や債券の売買と同じである。

エンロンは、先物の契約が取れた時点で利益を計上していた。契約を「時価評価」したのである。もともと利益が上がることを予想して契約をするのであるから、契約時に時価で評価すれば利益を出すことができる。エンロンは、この将来において手に入ると「皮算用」した利益を、契約した年の利益として計上してきた。

こうした方式は、「マーク・トゥ・マーケット（値洗い方式）」と呼ばれている。要は、収益・利益の前倒し、換言すれば、収益・利益の時価評価による計上である。ブルースターはいう、「（こうした方式なら）実際に利益が会社の金庫に入る何年も前に、利益計上することができる」（マイク・ブルースター、友岡賛監訳、山内あゆ子訳、二〇〇四年、三四四頁）と。

実際、一九九九年には、エンロンの税引き前利益のうち、三分の一が、このマーク・トゥ・

マーケットによって見積もり計上された利益で、二〇〇〇年には、報告された利益の半分が、この方式で前倒し計上された利益であったという（同上）。

エンロンのコンサルティングを担当したアンダーセン事務所(1)に勤務していたスタッフが、エンロン崩壊後に書いた本（『名門アーサーアンダーセン　消滅の軌跡』）によれば、その手口はこうである。

「エンロンはエネルギーの買手と売手に対して長期契約によって価格の安定をはかる画期的な戦略を提供した。その場合の契約上のエネルギー価格は、現在の時価と市場予想を将来に向けて延長する計算式をもとにして得られた将来価格であった。これは一見公正のようにも見えるが、買取るエネルギーの市場価格を将来十年かそれ以上にわたって設定するのは容易ではないことがわかった。契約によって売買されるエネルギーの将来市場価格を誰も正確に予想することは不可能であって、従ってエンロンの取引契約の価値を評価することは困難であった。エンロンが会計担当に、そうして最終的には株主に対して、そういう数字を算出して示さなければ、エンロンが利益をあげているかどうかわからなかった。

このような長期売買契約に入れるためのエネルギーの将来価格を予測するために、エンロンはエネルギーの将来需要と将来価格を予測するコンピュータ・モデルを開発して使用した。

コンピュータ・モデルは将来エネルギーの強い需要があると予測した。それはエンロンが持つ長期契約に決められたエネルギーの将来価値が高いことを示している。これは将来エンロンの利益が高いことを示していた。……（ところが、本当のところ）エンロンはエネルギー契約に取り入れたコンピュータで割り出した値を操作することによって、実際よりも大きい見込み利益を出させた。エンロンはこのような契約を投資銀行に売却した。その代わり、エンロンは契約中のエネルギーを買い戻す約束をした。」（S・E・スクワイヤ他著、平野皓正訳、二〇〇三年、九–一三頁）

こうした会計操作の結果、エンロンの株価は異常に高騰し、一九九八年には前年比八九%上昇、一九九九年には五八%上昇した（同上、一〇頁）。「エンロンは、自己過信と誤解を招く会計処理を行い、ウォール街の企業との強いコネなどによってエンロンの株価は終始維持されていた。詐欺の証拠が高まりつつあり、株価は急降下しているときですら、証券アナリスト達は投資家にエンロンの株をすすめていた。」（同上、一〇頁）

しかし、石油やガスの価格が予想の逆に動けば損失が出る。エンロンは損失が出たらそれを三五〇〇社（一説には二八〇〇社とも）もあった特別目的会社（SPE。詳しいことは後述）に付け替え、しかもその損失を子会社間でひんぱんに移動して外部からはわからなくしていたのである。

『ウォール・ストリート・ジャーナル』紙はエンロンの会計を「ブラック・ボックス会計」と呼んでいるが、ことの真相はいまだに明らかにされていない部分が多い。

エンロンの売上げ水増し策

エンロンが取った会計操作には、奇妙なものが多い。中でも、借金を売上げに変える手口とか、売上をダブル・カウントする手口などは、詐欺そのものといっても過言ではない。先に紹介したコンピュータ・モデルを使った将来価格の予測による利益の前倒し計上でも、その本質は、借金だったという。

エンロンは、売上げを二重三重に計上していた。アンダーセンの元スタッフがいうには、エンロンは次のような手口（手口とも呼べない手ではあるが）で、売上げを劇的に急増させていた。

「エンロンは多年度にわたる契約の合計価値を、毎月末市場対市場の評価法（マーク・トゥ・マーケットのこと）で計上した。この方式が、エンロンでの短期的なものの考え方を作り上げていった原因だったと言う人もある。各種契約の価値について、月毎のまたは年毎の増加分として捉えることなく、毎月、石版はきれいに拭いて消され、また書きかえた。これに

よって狂乱のようなダイナミックな売上が起こった。」（S・E・スクワイヤ他、平野訳、二〇〇三年、一九一頁）

一月の売上げが一〇〇で、二月の売上げが一五〇とすると、一月には一〇〇の売上げを記帳し、二月には二五〇の売上げを計上したというのである。

エンロンの監査とコンサルティングを担当したアンダーセン事務所のスタッフがいうように、「（その）からくりは、ぞっとするほど巨大なものだった。エンロンのような会社が、その財務内容を一九八五年の創業以来見つづけてきたアンダーセンの公認会計士に気づかれることなく、どうやって本当の負債総額を隠すことができたのだろうか」（S・E・スクワイヤ他、平野訳、二〇〇三年、一三頁）という疑問が残る。

グローバル・クロッシングの「利益ひねり出し会計」

グローバル・クロッシング社は、光通信ファイバー網の大手であった。アメリカの光ファイバー網は九〇年代末から五倍、通信容量は数百倍に膨らんだが、需要は四倍程度にしか伸びず、アメリカ全体でみた稼働率は五％以下だといわれている。需要の二〇倍もの設備を作ったということである。

通信会社各社は過剰な設備投資をした結果、まともな決算ができなくなってしまった。そこで考え出されたのが、ネットワークの空き容量を同業他社との間で売買するという手口であった。もちろん、同業他社も膨大な空き容量を持って苦しんでいる。自社だけが売るというわけにはいかない。

そこで、A社が空き容量をB社に売り、売って得た代金でB社の空き容量を買うというテクニックを使ったのである。つまり、「スワップ」トリックである。何であれ売れば収益が出る。売った代金を対価にして相手企業から買ったネットワークは、買値（原価）でバランスシートに載せておく。お互いの利害は一致しているから、互いに言い値で取引したはずである。この手を使えば、困っている同業者がいる限り、どんな商品でも利益をひねり出せる。

何と、わが国の落語の世界に出てくる「花見酒」と同じことを、アメリカを代表する名門の会社がやっていたのである。

グローバル社は、巧妙にも、ネットワークの空き容量の利用権を、二〇年契約で販売したのである。ネットワークという設備そのものを売ってしまえば資産は減るが、利用する権利だけを売って利用料を受け取るのであるから、ネットワークという資産自体をバランスシートに残したまま、向こう二〇年分の利用料を売上げとして前倒しで計上できるのである。

二〇年先までの空き容量を売ってしまうと、次の年には売るものがなくなってしまう。そこで、この業界では、空いていなくても、つまり、自社で使っている容量までも相互に売買する手も使っている。

こうした手は、いつまでも続けることはできない。利用権を売って得た代金は、売却先から同規模の利用権を買う資金に当てなければならず、いくら利益を計上しても、手元に残る現金はないからである。

ワールドコムの「損失先送り会計」

ワールドコム社（現・MCI）は、ミシシッピーに本拠を置く長距離・近距離通信会社であった。それが、一九八八年には世界第二位の通信会社にのし上がった。そのワールドコムが、エンロン事件を引き起こしたアンダーセンの顧客であったのである。

ワールドコムの不正は、本当ならその期に「費用」とするものを「資産」に付け替えていただけで、手口としてはきわめて単純である。報道によると、通信網の維持費などの関連費用が売上高の四二％、金額にして三八億ドル（一ドル一一〇円として、四一五〇億円）を超えていたけれど、それを自動的に「設備投資」として処理していたというのである。そうすることによって、同じ額だけ利益を水増しすることができた。その後、この金額が七一億ドル、日本円にして七八七〇億円という、途方もない金額だったことが判明している。

その他にも、架空売上げを計上したりして、利益を総額で一一〇億ドル（一兆二一〇〇億円！）も水増ししていたという（日経金融新聞、二〇〇四年三月五日）。

手口があまりにも単純過ぎて、会計士が入れ知恵したとはとても思えない。しかし、同社を倒産にまで追い込んだ金額の大きさから考えると、監査を担当した会計士が気づかなかったというのも、おかしな話である。ワールドコムは企業買収を繰り返していたために、その実態はわかりにくいこともあったようである。手口が単純ながらも、なかなか発覚しなかったのはそのせいかも知れない。

しかし、『不正を許さない監査』を書いた浜田康氏は、「（ワールドコムの粉飾額は、シンプルで、かつ三八億ドルという巨額であったことから見て）監査上不可抗力によって発見できなかったというのは、少なくとも社会的には通らない主張」であり、「報道から判断すると、アンダーセンは監査人として堅持すべき倫理観を失っていた」（浜田康、二〇〇二年、一三頁）と指摘する。

ＫＰＭＧのＣＥＯであったジョン・マドンナは、「ワールドコムを見落とすなどということは考えられない。このニュースを聞いた時、私は、世間一般の人と同じように、会計士はいったい何をしているんだと思った」（ブルースター、山内訳、一六頁）と述懐している。

ストックオプション――「費用先送り会計」

エンロン事件でにわかに注目を浴びたストックオプションも、ここでいう「費用先送り」「利益水増し」会計の手口である。前述のように、ストックオプションは、将来、自社の株が値上がりした場合に、会社から安い価格で株を買い取る権利（オプション）である。経営者や従業員は、この権利を手にすると、自社株が値上がりするように一生懸命働く。「馬の鼻先にニンジン」である。

アメリカ企業は、上で述べたように、ストックオプションを経営者報酬や給与の代わりに使ってきた。株価が予定した水準まで上がると、会社は高い株を安い値段で引き渡さなければならない。この差額は、本質的には、ストックオプションを付与することによって生じた給与である。

アメリカでは、この費用を①ストックオプションの付与時に計上する処理と、②権利行使時に計上する処理が認められている。これまでアメリカでは、企業が任意に処理方法を選択できた。多くの企業は、①では当期の費用が多くなり、株価を引き下げることになりかねないために、コストを抑えて利益を嵩上げし、株価を引き上げる効果のある②の処理を選んできた。

前出の浜田康氏は、極端な例だといいながらも、役員報酬や従業員給与をすべてストックオプションに切り替えれば、損益計算書上の人件費はゼロになり、大幅なコスト削減ができ、また、役員などがオプションを行使しても、資本取引とされて純資産を直接減額するので、損益計算書には影響しないことを指摘している（浜田康、二〇〇二年、五頁）。

赤木昭夫教授によれば、ほとんどの企業は、権利の付与時に費用に計上するどころか、利益に計上していたという（赤木昭夫、二〇〇二年、一六三頁）。赤木教授はその理由を明らかにしていないが、おそらくは、報酬の代わりにストックオプションを与えるので、その分の報酬を支払わなくて済むことから、利益に計上するようになったのではないかと考えられる。

本来は支払うべきものを「払わずに済ます」のは、確かに、どこか得をしたような感じがする。「払わずに済む」ケースには、いろいろある。お金を借りたところ、何かの事情で返済しなくて済むようになったという、「債務の免除」もこのケースである。この場合、先に現金のインフローがあり、それを返さないのであるから、現金を貰ったのと同じである。

ストックオプションは、債務の発生に伴うキャッシュ・インフローはないが、後で支払わなくて済むようになれば、マイナスのアウトフロー（現金支出をしないで済む）ということであり、アウトフローのために用意した資金が手許に残ると考えれば、手許に残った資金をインフローとみなすことも可能であろう（何をもって利益と考えるべきかといった議論は、田中、二〇〇二年e、第五章を参照されたい）。もしも、ストックオプションをそう考えて処理しているのであれば、利益はダブル・カウントされていることになるのではなかろうか。

エンロンやワールドコムの事件をきっかけに、ストックオプションを人件費として権利付与時に計上することを義務づける方向で議論が進んでいる。

しかし、ことは簡単ではない。ストックオプションには、(1)経営者に対する高額の金銭報酬を避けるという目的と、(2)当面の費用計上を抑えて、利益の嵩上げをする効果、(3)アメリカの「利益分配システム」という機能、がある。

ストックオプションを付与した時に費用化すると(2)の目的を達成できなくなる上に、経営者報酬が公になれば(1)の目的も達成できなくなる。ストックオプションが、アメリカにおける経営者と株主間での「利益分配システム」として機能している以上、これに代わる有効なシステムを開発しない限り、ストックオプションをやめるわけにいかない。このことを少し説明しておきたい。

アメリカ企業には特有の「利益分配システム」がある。ストックオプションは会社の業績を上げて株価を上昇させた経営者と、高率の配当か株式売却益を手にすることができる株主との間で、「儲けの山分け」をするシステムとして機能しているのである。

それが、エンロンなどの「会計不正」を契機にストックオプションを巡る会計処理が不透明かつ不適切だという批判が噴き出した。権利の行使時まで費用を計上しないのは、「費用の先送り」だというのである。しかし、権利を付与した段階で費用計上することになれば、また経営者は同じ問題に突き当たる。

費用計上される以上は、その報酬額もディスクローズされるわけであるから、経営者は、強盗や家族の誘拐を心配しなければならなくなる。とすると、また別の手で、つまり、経営者報酬がディスクローズされないような受け取り方を考え出さなければならないであろう。

報道では、アメリカの会計基準を設定する財務会計基準審議会（ＦＡＳＢ）はストックオプションを費用計上する会計基準を準備中で、二〇〇三年中に公開草案を策定し、二〇〇四年に導入する運びであるという（日本経済新聞、二〇〇三年三月一六日）。基準ができれば、上に述べた⑴と⑵の、ストックオプションのメリットは消滅する。

では、ストックオプションは使われなくなるかといえば、そうはいかない。上に述べたように、ストックオプションの「利益分配システム」としての機能を代替するシステムが開発されない限り、この制度を使わざるをえない。それでなくても、大統領のブッシュは、ストックオプションを費用として計上することを義務づけることに反対している。ＦＡＳＢが厳しい基準を作っても、大統領の命を受けたＳＥＣによって骨抜き基準にされる可能性が高い。

悪魔の錬金術――デリバティブ

利益が手段と化すと、利益の源泉（種類）だとか確実性は問われなくなってくる。アメリカで、未実現の利益や将来の利益をも含めた「包括利益」を重視しようとする傾向が出てきたのも、利益の源泉や確実性を問題にしなくなった証拠である（包括利益については次章で取り上げる）。

アメリカで、利益に求められるのは、分配可能性でも業績指標性でもない、ただただ金額の大きさだけとなった。そうした世界で活用されるのが、デリバティブ（金融派生商品）である。

デリバティブの中には、期末に時価で評価すると大きな利益が計上できるが、何年後かには時限爆弾が炸裂して、その何倍もの損失が生まれるようなものもある。そうした複雑（怪奇！）なデリバティブを開発するにはロケット・サイエンティスト並の頭脳が必要だともいわれる。そんな超人的な頭脳を持った人たちが開発したデリバティブなら、今期には希望する利益を出せるが、いつか金利が変動でもしたら何倍何十倍もの損失が出るものだってありうる。それほどリスキーな金融商品が、アメリカでは国内総生産（GDP）の一〇倍、一〇〇兆ドルも取引されており、しかも、ほとんど規制されていないという（赤木昭夫、二〇〇二年、一七三頁、S・E・スクワイヤ他、二〇〇三年、一九〇頁参照）。

デリバティブは「現代の錬金術」であり、「魔法のように悪い年を良い年に変える」（パートノイ、一九九八年、二九〇頁）力を持っている。「起死回生の妙薬」として売りこまれれば、とりあえず今期の利益を大きくしたい企業や切羽詰った企業には媚薬《びやく》となる。時限爆弾が炸裂するのは、どうせ何年も先のことであり、そのときは自分は経営陣をリタイヤしている……と考える不届きな経営者がいてもおかしくはない。デリバティブは、そうした経営者にとって、悪魔的な錬金術として活用されている。

持分プーリング――利益水増しの秘策

アメリカでは、他企業を買収することが日常的に行われている。相手企業が持っている工場・生産技術などが欲しくて買収するのかというと、そうではない。他企業を買収すると、その企業の資産をバラバラにして売却してしまうことが多い。なぜそんなことをするのか。実は、他企業を買収するだけで利益をひねり出せるからである。

企業結合（合併・買収）の会計処理には、持分プーリング法と買収法（パーチェス法）がある。持分プーリング法というのは、企業規模や資産額がほぼ対等の会社同士が株式の交換をとおして合併するようなケースを想定した会計処理で、合併当事会社（合併される会社。合併により消滅する）の資産・負債をその帳簿価額で合併会社（合併する会社。合併後に存続する）に引き継ぎ、合併当事会社の利益剰余金は合併会社が承継する。

買収法は、ある企業（取得企業）が他の企業（被取得企業）の純資産と支配権を、株式の発行等により獲得するものである。この方法では、取得した資産・負債を公正価値でバランス・シートに計上し、買収の対価として交付した株式の時価や交付した現金との差額を「のれん」として計上する。被取得会社の留保利益は引き継がない。

買収法と比べて、持分プーリングは、報告する利益を大きくすることができる。例えば、帳簿価額が時価より低い資産を承継すれば減価償却費が少なくて済むし、これを売却すれば売却益が出る。また、合併に際して「のれん」が計上されないので、その償却費を負担しなくてよい。もっとも大きなメリットとされるのは、合併相手の企業が当期以前に稼いだ留保利益と合併前の期間利益を引き継ぐことができることである。

内部留保の厚い会社や今年に入ってからの利益が大きい会社を買収して、持分プーリング法を適用するのである。ターゲットにされた会社の「当期利益」は買収した会社の当期利益に含めて報告することができる。合併によって規模が拡大するためにROE経営やダウンサイジングに逆行するが、多くの場合、手に入れた資産をばらばらにして売却しダウンサイジングをはかると同時に、売却益を出して利益を嵩上げし、ROEを高めてきた。

アメリカで持分プーリング法に批判が集中し、買収法に一本化することになったのはこうした会計操作・利益操作のせいである。

以上に紹介した「利益先取り会計」「損失先送り会計」「相互売買」「ストックオプション」「デリバティブ」「持分プーリング」などを使った会計操作の手法は、損益計算書を美化する効果はあるが、その落とし穴はキャッシュ・フローがついてこないということである。いくら利益を計上できても、それに見合うキャッシュ・フローがない。いつかは破綻することを誰もが知っていたはずである。

エンロンの会計データを見て、赤木教授はいう、「会計の専門家であれば、九五年以降の純内部蓄積資金が上下しているのに反して、総収入のほうがあまりにも順調に伸びすぎている点に着目し、総収入の伸びの裏に粉飾の跡を嗅ぎとることも不可能ではなかった」と（赤木昭夫、二〇〇二年、一七二頁）。専門外の人からこうした指摘を受けるとは、アメリカの会計も地に墜ちたものである。

「エンロン商法」と粉飾決算

会計手法ではないが、あこぎな商法で巨額の利益を手に入れるということも、アメリカではそう珍しいことではないようだ。

例えば、エンロンでは、規制の抜け穴を最大限に利用して、「あこぎな取引」（赤木、二〇〇二年、一五四頁）が奨励され、そうした取引で巨額の利益を上げていたことが明らかになっている。具体的な話をする前に、クルーグマン教授が紹介する「たとえ話」に耳を傾けてみよう。

「いまが暑い七月だとしよう。あまりの暑さにアメリカ中のエアコンがフル稼働して、電力産業もその供給能力の限界に近づいている。その時もし、何らかの理由で電力を供給できなくなったとすると、その結果生じる電力不足は電気の卸値を高騰させることになる。つまり、大きな電力会社は技術的な問題をでっちあげ、その発電設備のうちのいくつかを停止させることで、実際その利益を増加させることが可能だし、それは残っている電力の価格を押し上げることにもなるのである。」（クルーグマン、三〇九―三一〇頁）

こんなことが実際に起きるのであろうか。

カリフォルニア州では、二〇〇〇年夏から二〇〇一年春にかけて、電力危機が発生した。エンロンはこの電力危機を利用して、あくどい商売をやっている。以下、赤木教授の解説を下に、電力危機とエンロン商法の実態を紹介する。

「電力危機の最大の原因は、エンロンをはじめとする電力売買ブローカーが意図的に電力不足を起こし、電力の売価をつりあげたことだった。……カリフォルニア州できめられた方式は、随時自由取引とでもいうべきものだった。……そこには致命的な欠陥——ブローカーにつけこまれる隙があった。第一は、需要のピーク時の価格が高騰することだった。第二は、送電幹線の一部にボトルネックがあり、そこを通らねばならない電気には混雑料金を上のせることができたし、それを避けるようにすれば混雑回避料金を得ることができた。それらが原因で、最高価格が一、〇〇〇キロワット当たり一、二〇〇ドルと、最安値の一〇〇倍にはねあがったこともあった。……

電力危機の渦中でエンロンは……発電燃料の天然ガスの転売をくりかえし価格をあげておいてから発電会社に売りつけた。つぎに多くの発電会社と共謀し修理と称して発電機をとめ価格をつりあげた。さらにボトルネックに送電を集中させ混乱を起こす一方で、一部の電力を迂回させることで、混雑料金と混雑回避料金の両方をかせいだ。」（赤木、二〇〇二年、一五六―一五八頁）

エンロンは、カリフォルニア州で発電された電力をいったん州外へ送り、そこで価格をつりあげて送りもどすことすらやったという（同上、一五八頁）。エルパソとかダイナジーといった他のエネルギー会社でも同じような手で、電力危機を喰い物にしていた（同上）。

借金を売上げに変える手法

エンロンは、借金によって得た資金を売上げに計上するというトリックも使った。赤木教授は、このトリックの一例を次のように説明している（赤木昭夫、二〇〇二年、一六九頁）。

エンロンが、J・P・モルガンの子会社マホニアにガス供給契約を三億三〇〇〇万ドルで売り渡し、別の子会社ストンヴィル・エーゲアンから三億九四〇〇万ドルで買い戻す。これで、J・P・モルガンは差額の六四〇〇万ドル（日本円で七〇億四〇〇〇万円）の儲けを手にする。エンロンは、損益計算書に三億三〇〇〇万ドルの売上げを計上し、J・P・モルガンには三億九四〇〇万ドルを分割返済することにする。

ガス供給契約はエンロンが買い戻しているので、この取引はまったく有名無実で、この取引はエンロンの業績をよく見せかけるための短期の繋《つな》ぎ融資にほかならない。エンロンとJ・P・モルガンとの間で行われた、こんないかがわしい取引は合計三七億ドルに達したという。

エンロンを監査したアンダーセン事務所の会計士は次のようにいう。

「エンロンはエネルギー契約に取り入れたコンピュータで割り出した値を操作することによって、実際よりも大きい見込み利益を出させた。エンロンはこのような契約を投資銀行に売却した。その代わり、エンロンは契約中のエネルギーを買い戻す約束をした。実際にはこういう頭のいい取引は偽装されたローンであった。表向きはエンロンが好利益（原文のまま）の売上を達成したかに見える。そうではなく、事実は契約の価値をもとにして返済を約束した資金借入れ、つまり借金だったのだ。」（S・E・スクワイヤ他、平野訳、二〇〇三年、一三頁）

特別目的会社（SPE《エスピーイー》）を使ったトリック

エンロンが破綻したとき、「SPEを使って、ことの真実を隠してきた」ということが盛んにいわれた。しかし、そのSPEとはいったい何なのか、アメリカでは広く利用されているというが、われわれ日本人にはなじみが薄く、なかなか実態が明らかにならなかった。

SPE（special–purpose entity）は、親会社が設立する組合または会社形態の組織で、特別目的事業体とか特別目的企業などと訳される。SPEは、一定の条件を満たせば、親会社の連結の対象にしなくてもよい、とされる。条件のひとつが、親会社の出資が九七%以下であること、つまり、三%以上の外部資金を取り入れていることであった。

一般的にいって、連結の対象となるのは、株式の過半数または実質的に支配している子会社であるが、SPEの場合は、九〇%以上も所有していても、外部から三%以上の出資があれば、連結からはずすことができるのである。アメリカの会計基準では、連結財務諸表に組み込むべき子会社などの範囲について詳細な規定があるが、SPEはこうした条件に抵触《ていしょく》しないように設計されていたのである（浜田康、二〇〇三年、一〇頁による）。

こんな子会社を持てるなら、ずいぶんと便利である。わが国では、子会社を使った利益操作や損失飛ばしが非難を浴びて連結会計を導入したが、そのモデルとも頼んだ本家本元のアメリカでは、SPEという子会社を使った不良債権の移転や利益操作や損失飛ばしが、おおっぴらに行われてきたのである。

そのSPEとはいったい何なのか。SPEの起源は、一七世紀にあり、そもそもは本社に代わって債権を取り立てる事業体であったという。赤木教授によれば、「連結決算からまぬがれる限度だが、一九五九年までは本社の出資は常識的に五〇%以下でなければならなかったが、いつのまにか九七%以下であればよいとの実績がつくられた」という（赤木昭夫、二〇〇二年、一六四頁）。

しかも、アメリカの公認会計士によれば、自社が設立した、連結対象外のSPEを使って「決算の最終利益を改善したり、資金を調達したり、負債を操作するのは不法行為ではなく、また異例なことでもない。……親会社の帳簿にその損失を表示する必要はない」（S・E・スクワイヤ他、二〇〇三年、一一頁）という。そんな会計が許されるなら、会計士による監査が役に立たないのは当たり前である。

九七％近くも支配する子会社を連結からはずすことができるとなれば、このSPEを使った会計操作が行われても不思議はない。SPEには、何の規制もないのであろうか。一九九〇年に監査業界がSECにSPEに関する判断を求めたが、SECは肯定も否定もしない無責任な黙認を続けてきた、という。赤木教授は、こうした事態を、「西部劇的無法」と評している（赤木昭夫、二〇〇二年、一六四頁）。

SPEは、例えば、親会社から出資された資産（親会社の株式であることもある）を債券化して資金を調達したり、損失をオフバランス化する手として使ったり、不良資産を親会社の財務諸表から切り離す手段として使われている。

親会社にとっては、資産の流動化とオフバランス化を同時にできる。例えば、資産の利用状況や用途を変更せずに資金に換えることができるし、その資産をバランスシートから除外することもできる。そうして得た資金で借金を返せば、負債を減らすこともできる。資産をオフバランスにすることから、ROE（株主資本利益率）を上昇させる効果もある。

エンロンは、三五〇〇社ものSPEを設立して、損失の飛ばし、不良資産の移転、借金を売上げに仮装、といった手法で、本当の姿が分からないように目くらまししていた。

「V字回復」の会計テクニック

減損会計

アメリカの会計は「利益先取り」とか「損失先送り」といった利益の水増しばかりではない。「損失先取り」会計もある。その典型例が「減損会計」である。これは、当期と次期の損益を付け替えることによって「V字回復」を演出しようというものである。

今年の利益が五〇で次期の利益も五〇だとすると、二年通算の利益は一〇〇である。それを今年は四〇、来年は六〇になるように操作しても大きな犯罪ではないのかもしれない。むしろ、保守主義にのっとった健全な会計として歓迎されるかもしれない。

では、今年の利益はゼロで、次期の利益は一〇〇となるような操作はどうであろうか。もう少し極端に、今年は四〇の損失で次期の利益を一四〇とするのはどうであろうか。いずれも二期間を通算すると、一〇〇の利益である。アメリカの経営者は、しばしばこの手を悪用してきた。

例えば、一期目から二期目に移る時に経営者が変わったとしよう。一期目はA氏が経営者で、期末になってからB氏に交代したとする。B氏にしてみると、A氏の時代の経営成績を悪くしてでも自分の時代の成績はよくしたい。そのために、A氏の時の成績をできるだけ低くなるように会計操作して、自分が経営者になったときに「V字回復」を演出するのである。

そうした処理の中でもっとも効果的であったのが、減損会計であった。例えば、バランスシートに一〇〇万ドルと書いてある土地があったとする。時価も一〇〇万ドルに近いとする。新しい経営者が、この土地を三〇万ドルと時価評価して減損処理する。七〇万ドルが減損として損失処理される。この七〇万ドルの損失は一期目に計上され、損益計算書は赤字になるかもしれない。

この状態で二期目を迎え、この土地を売却する。もともと時価一〇〇万ドルのものを三〇万ドルで評価しているから、売却すれば売却益が七〇万ドル出てくる。これで、一期目は七〇万ドルの損失、二期目は七〇万ドルの利益が計上される。このようにアメリカの減損会計は、一期目に損失を計上しておいて二期目に利益を出す「V字回復」の方法として使われていたのである（わが国の減損会計については、第4章を参照）。

ビッグバス会計

V字回復を演じるために、「ビッグバス会計」という手も使われてきた。この手口は、会社を大きな風呂の中に入れて、ありとあらゆる垢とか、何でもとにかく削ぎ落としてしまうものである。つまり、費用や損失を過大に計上したり、前倒しで計上したりするのである。そうして前期の成績を悪くして、過大に計上したり前倒しで計上した費用・損失を次期に修正して利益を水増しするのである。

この手も、経営者が交代するときや経営者の報酬を利益額や株価とリンクさせる契約を結んだときに使われる。経営者が交代したときには次期の利益を大きくしたいという誘惑があることは右に書いた。

経営者の報酬を利益の額とリンクさせるというのは、年間の利益が一定水準（例えば資本の一〇％）を超えたときは利益の一定額（例えば利益の五％）を成功報酬として支払うといったケースである。ただし、通常、成功報酬は一〇〇万ドルを上限とするといった条件がつけられる。

こうした契約があれば、経営者は、利益が最低水準（これ以下だと成功報酬はない）と最高水準（これを超えても成功報酬は一〇〇万ドルに抑えられる）の間にあるときは最高額に近づけようとするであろうが、もしも、最低水準を満たしそうもないときにはどうするであろうか。

ここで使われるのが、ビッグバス会計である。利益が最低水準を超えない場合は、成功報酬はもらえない。それなら、当期の成功報酬はあきらめて、次期には最高額の一〇〇万ドルが手に入るようにしたいものである、経営者はそう考えるであろう。

そこで、今年は、各種の引当金を多めに設定し、棚卸資産の評価損を多めに計上し、退職給付や減価償却の費用を水増し計上し、無形資産の会計処理や企業買収の会計処理を通して、今年に目いっぱいの損失を計上しておく。そうしておいて、次期になってから、それらの損失を修正して利益に戻し入れる。これで、劇的にV字回復できる。

アメリカでは、成長が止まった会社も、経営が不振に陥った会社も、どこもこうした「ビッグバス会計」や「減損会計」の手でV字回復した。実は、この手でV字回復した会社は、日本にもたくさんある。

クリエーティブ・アカウンティング

本章の冒頭に、Creative Accounting のことを書いた。クリエーティブ（独創的・創造的）などというのは非常に魅力的であるが、ここでいうクリエーティブは、ソフトにいえば「（今までにない）新しい会計手法」であるが、その実は「利益でっちあげ会計」である。Creative Accounting は、その表現がソフトであるにもかかわらず、実は、「法律や会計ルールに（表向き）準拠しつつ、恣意的な利益額を作る会計操作」でしかない。これまでに紹介した各種の手口は、英米では一時期、「創造的会計」とか「独創的会計」としてもてはやされた。しかし実質は、ルールぎりぎりの粉飾・不正会計であったのである。

ギャンブラーの会計

なぜアメリカの経営や会計が、こんなにインチキくさいものになったのであろうか。上述したように、アメリカの企業は、四半期ごとに成果を計算・報告しなければならない。そのために、企業経営も四半期ごとに何らかの成果を報告できるように、短期的な経営が行われるようになってきた。株価も、四半期ごとの成果を敏感に反映して上がったり下がったりする。

その結果、投資家は四半期ごとの会計情報を使って投資の決定をするようになり、企業は、四半期ごとに株主が喜ぶような成果を出そうとして、わずか三か月で成果の出る事業やギャンブルを好むようになってきた。アメリカの企業が盛んにM&A（合併や買収）をやるのもデリバティブに手を出すのも、右に紹介した先物取引や光ファイバー網の相互売買というインチキ取引をでっち上げるのも、すべて短期的に「利益を作る」ことができるからである。

そうしたことを考えると、今のアメリカは、経営者も投資家もギャンブラーである。エンロンもワールドコムも、こうした投資家の欲望と経営者の思惑が一つになって生み出した「虚構の世界」に過ぎない。利益が作られ、作られた利益に株価が反応し、実体のない株価でストックオプションが行使されたのである。

これは、会計を使った犯罪としかいいようがない。赤木教授はいう。「ウォール街のビジネスモデルとは何か。早くいえば、それはマネーの数字の書き換えである」と（赤木昭夫、二〇〇二年、一七〇頁）。

SECの委員長であったアーサー・レビットは、アメリカの企業が作成する「損益計算書は企業の業績を示すというよりも、経営陣の欲望を反映する」ものになったことを指摘している（ブルースター、山内訳、二四頁）。

ジャック・ウエルチの会計トリック

ウエルチ革命の真相

もう一つ、アメリカの経営者がインチキくさいものになった原因として、ジャーナリストの東谷暁氏は、ジャック・ウエルチの、いわゆる「ウエルチ革命」を挙げている（東谷暁、二〇〇二年、二八二頁）。

ウエルチといえば、発明王トーマス・エジソンが創始したＧＥの経営者として、また、古めかしいモノ作り（電機製造）の会社を金融サービスをメインとした巨大企業に変身させた「二〇世紀最高の経営者」とも評された人物である。

ウエルチの経営は、①徹底したリストラ、②成長が望めない事業は売却し、成長する事業を買収する、③モノ作りから金融へのシフト、という三本柱で進められた。これが、「ウエルチ革命」である。

ウエルチが最高経営責任者に就任したときに同社に一ドル投資し、その後の配当も注ぎ込んでいたとすると、ウエルチが退任するまでの二〇年間で、投資は六四ドルになっていたという。まさしく「高株価経営」の企業であった。

ビジネスマンとして最高の尊敬を集めてきたウエルチであるが、クルーグマン教授によれば、「過大評価されてきたサムライたちのように落ちた偶像に」なってしまった（クルーグマン、二〇〇三年、一二五頁）。なぜ、「二〇世紀最高の経営者」が「落ちた偶像」になってしまったのか。東谷氏は、次のように、ウエルチ経営のトリックを暴いている。

「（ＧＥの金融部門）ＧＥキャピタルはグループ全体の売上の半分以上を稼ぎ出し、利益の四割をあげているにとどまらない。この金融部門こそがGEの『健全経営』を長年にわたって演出してきた、ウエルチ経営の核心部分だ……。

注目すべきはGEキャピタルの『資産』の巨大さだ。七九年ころに約五〇億ドルだった同社の資産は、二〇〇一年には四千二百五十四億八千四百万ドル、ざっと八十五倍に膨れ上がり、グループ全体（GE連結）の八六パーセントを保有。この資産の部分は、金融資産だけでなく、巨大設備や航空機までを含み、非金融部門に低金利でリースしてきた。『負債』に至っては、なんとGE全体の九〇パーセントを抱え込んでいる。

つまりGEキャピタルがグループの資産と負債を目一杯引き受けることで、本体であるGEの財務状況をスリム化し市場の評価を高めて株価を上昇させる。急騰したGEの株式を担保にし、GEの『優良』の格付けがついた無担保手形によって低利で資金を集め、それをグループ内の各部門に低利で融資すると同時に、新たな買収の資金源にしてきたのである。」

（東谷暁、二〇〇二年、二七八―二七九頁）

金とチャートと計算と強欲だけ

ウエルチは、こうしたトリックを駆使して高株価経営を演出してきたが、今、アメリカの産業界はウエルチ革命のツケを支払わざるをえなくなっている。東谷氏はいう。

「ウエルチ革命による最大の負債は、株高経営をGEだけでなくアメリカ企業すべてに、あたかも新時代の経営であるかのように教え広めたことだ。……ウエルチ革命の幻想をふりまくことで、アメリカ企業の多くにもの作りの地道な努力を忘れさせ、マネー・ゲームの狂奔と金まみれのアメリカン・バブルを招来させておきながら、自らは巨万の富を手にし名声の絶頂期に身を引くという、事実上の『勝ち逃げ』を実行したのである。」（東谷暁、二〇〇二年、二八二頁）

東谷氏はいう、ウエルチの自伝を読むと、彼がただ「金とチャートと計算と強欲だけ」の人であったことがわかる、と（同上）。

この国は、コモンロー（英米法）の国といわれながらも、現実は法至上主義である。弁護士が毎年二万人も誕生することが、そのことを雄弁に物語っている。会計に関していうと、SECが通達を出し、FASB（財務会計基準審議会。アメリカの会計基準を設定する機関）が会計基準を作り、ありとあらゆることをルール化する。そうした世界では、とかく、ルールブックに書いていないことは自由にやってよい、書いてあることも、法の文言（字面）に触れなければよい、という風潮を生みがちである。それが度を越えたために、エンロンを生み、アンダーセンを生み、ウエルチのような経営者が成功を収めたのではないだろうか。

監査人はどこへいった

監査よりもコンサルティング

エンロンの場合、アンダーセン事務所から一〇〇名ものスタッフとマネージャーがエンロン本社に常駐していたという（S・E・スクワイヤ他、二〇〇三年、一五六頁）。一〇〇名もの会計士や監査スタッフが、エンロン一社のために働いていたのである。しかし、もっと少人数の部門が、監査部門で働く一〇〇名よりもはるかに稼ぎが大きかった。それが、コンサルティング部門である。

ブルースターはいう。

「一九九〇年代を通じて、特に国際的な大手会計事務所は、貸借対照表などには目もくれず、儲けになるコンサルティング業務を育てることに力を注いでいるのは明らかになっていた。この期間、いかに彼らが監査をないがしろにしていたかを統計的に見ると、その数字は愕然とするほどである。一九七六年には会計事務所の収益の七〇%を占めていた監査が、一九九八年にはたった三一%になっていたのだ。要するに、会計事務所、ＡＩＣＰＡ（アメリカ公認会計士協会）は、クライアントから独立したお目付役という役割を自ら捨て、企業国家アメリカの不正事実を見過ごしている。」（ブルースター、山内訳、二九〇頁）

二〇〇〇年の数字であるが、監査法人の収入のうち、監査の収入と監査以外の収入を分けると、Ｓ＆Ｐ五〇〇社の場合、監査が一二億ドルなのに対して、監査以外の、主にコンサルタントに、三倍以上の三七億ドルも支払っているという（Ｓ・Ｅ・スクワイヤ他、平野訳、二〇〇三年、一四三頁）。

別の監査法人、アーンスト・アンド・ヤング事務所のケースでは、スプリント社が監査料として支払ったのは二五〇万ドルで、コンサルティングには、その二五倍の六四〇〇万ドルも支払っている。

ＳＥＣの長官を務めたこともあるアーサー・レビット・ジュニアは、監査法人がコンサルティング収入に依存するあまり、監査の独立性が保てなくなることを心配して、「二五〇万ドルの監査収入を得ている会計士が、帳簿に不審な数字を見つけて、財務役員に対して食い下がり、そのために同じ監査法人のコンサルタントがやっている六、四〇〇万ドルの仕事をフイにするようなことはしないだろう」（同上、一四三―一四四頁）という。

レビットは、もちろん、そうした事態を是認していうわけではない。こうした事態が、会計業界・監査業務の命取りになることを警告しているのである。

なぜなら、こうした事態が続けば、監査を担当する会計士は、コンサルタント部門に頭が上がらなくなる。会計士が一〇〇円稼いでいる間に、コンサルタントは、同じ会社から数倍の三〇〇円とか四〇〇円、ときには、数十倍の、三〇〇〇円とか四〇〇〇円もの利益を稼いでいる。そうなれば、監査法人とはいえ、主たる収入は、コンサルティングなのだ。コンサルティングとなれば、会計士の資格などは要らないし、資格を持てば、アメリカ公認会計士協会（ＡＩＣＰＡ）の規制などに縛られる。

会計士資格の返上

事実、アーサー・アンダーセン事務所が、アンダーセン（主として監査）とアクセンチュア（コンサルティング）に別れたとき、コンサルティング部門で働いてきた会計士たちの多くが、会計士の資格を返上したという。会計士（ＣＰＡ）の資格が、コンサルティングには不要ということもあるが、それ以上に、公認会計士に対する様々な規制を忌避して、自由に仕事をしたいということではなかろうか。

公認会計士の森田松太郎氏はいう。「(アンダーセンの場合)コンサルティング部門が成長すると共に、コンサルティングの専門性が強くなり公認会計士では仕事が十分こなせなくなってきた。必然的に会計の知識よりＩＴの知識と技術が要求されるようになってきた。会計監査とコンサルティングでは全く文化が違うといっても過言ではない。……コンサルティング部門が力をつけ発展力が強くなるにつれ文化の違いが先鋭化し、また、会計監査部門との間に利益分配に関する不満が蓄積して行き、破断界にたっしたのである。」と(S・E・スクワイヤ他、二〇〇三年、二一三―二一四頁)

アンダーセンの会計士は「会計業界は今や危機的状況に置かれている」という。また、アンダーセンの話は、「会計業界とアメリカ政府に対して目覚まし電話の役を果たした点に価値がある」ともいう(同上、二一二頁)。

そんな程度のものであろうか。事件の当事者であった事務所の元メンバーが、エンロンの破綻やアンダーセンの消滅を会計業界や政府に対するモーニング・コール程度だというのである。その程度の認識しかないとすれば、まさに彼らがいう「いつものことさ」という気分が蔓延して、アンダーセンの消滅は、「何ものも生まない大変な浪費であった」(同上)ということになるであろう。

喪われた倫理観・宗教観——金権至上主義

悪いのは制度か人か

アメリカ企業に発生した一連の会計不祥事を評して、しばしば「会計制度が悪い」とか「会計基準に不備がある」といったことがいわれている。会計制度を整備し、会計基準を厳格にすればこうしたスキャンダルは起きないのであろうか。

一連の事件の後、コーポレート・ガバナンスと監査業界の改革を盛り込んだ「サーベインズ・オックスレイ企業改革法（Sarbanes–Oxley Corporate Reform Act）」が成立した。この法律は、監査法人に対して監査に関係のないサービスを提供することを制限し、また、上場企業会計監督委員会（ＰＣＡＯＢ）の設立、監査を担当する会計士のローテーション、書類の保存義務などを定めている。

しかし、法律を取りまとめる段階で、監査法人側の強力なロビー活動が功を奏し、税務に関するコンサルティングという儲けの大きいサービスを維持することができたし、ＰＣＡＯＢもあまり活動的ではない。

アンダーセンに勤めていた会計士たちは、法律による改革がどれほど有効かについて、次のような疑問を呈している。

「会計監査業界は、ワシントンに強力なロビー活動を行っており、彼らは議会の代表が法律を持ち出すと、そのインクが乾く前に骨抜きに薄めてしまうのであった。したがって、意味のある改革が実現できるのかどうか疑問である。」（S・E・スクワイヤ他、平野訳、二〇〇三年、一九四頁）

会計士たちは、こうもいう。「会計業界からの献金を継続して受取るのをやめようとする政治家がいるとは信じられない。」（同上）

監視・規制する立場の政治家が、監視・規制を受ける立場の会計業界から献金を受けているというのは、悪くすれば、スピード違反の常習ドライバーが交通取り締まりをしている警察官に付け届けをするようなものである。規制や取り締まりに手心が加えられないようなら、献金も付け届けもしないはずである。

クルーグマン教授の次の言葉は、現在のアメリカ会計が、経営者も監査人も監督官も政治家も巻き込んだ、金まみれ、泥まみれになってしまっていることを如実に物語っている。

「私はアメリカのすべての企業が腐敗していると指摘したいのではない。しかし、経営トップが不正行為をはたらいたとき、たいした障害に直面しなかったことは明白だ。会計監査人は、多額のコンサルティング費用を払う企業に対して厳しく対応するようなことはしなかった。エンロンのケースのように、儲かるサイドビジネスの仲間に加えてもらった銀行のトップも同様だった。そして政治家たちは、政治献金や他の誘惑によって企業の言いなりになり、監督官庁にその職務を遂行させないようにした。つまり、監督官庁の予算を削ったり、法の抜け穴をこしらえたりしたのである。」（ポール・クルーグマン、三上訳、一五〇頁）

会計は一種の道具である。より詳しくいえば、「会計は利益を計算する道具」である。「包丁」は、魚や肉を切る道具である。道具という点では、会計も包丁も変わりがない。ところが、道具そのものには倫理観とか正義感などはないので、たとえ包丁を使って殺人を犯そうとも、誰も包丁が悪いとはいわない。ところが、会計を使って不正をすれば、「会計が悪い」といわれる。どこかおかしくはないであろうか。

会計も包丁も道具なのである。その道具を使うのは、人間である。人間が包丁を悪用すれば、包丁ではなく、悪用した人間が責められる。ところが、同じ道具の会計を使う人が粉飾やら利益操作やらをやっても、やった人間ではなく、会計という道具が悪いといわれる。悪いのは制度であって人ではない、というのであろうか。

「暴走族を前提にした信号システム」

規制の網をくぐるだけのインセンティブとメリットがある限り、道具としての会計を悪用し、利益操作は続けられ、粉飾決算はあとを絶たないであろう。ビル・トッテン氏は、それがアメリカの企業風土であるとして、次のように述べている（ビル・トッテン、二〇〇二年、五一頁）。

「エンロン問題が起きたとき、アメリカの企業社会は、その罪をエンロンの経営幹部など一握りの個人にかぶせようとした。しかし、特定の人物に責任転嫁できなくなると、今度はエンロンとその会計事務所に避難を集中させた。プロフォーマ方式の会計（次章を参照）やストックオプション経営に対する反省の声はほとんど上がらなかった。彼らは効果的な収奪が行なえるプロフォーマやストックオプションを守り抜きたいのである。」

トッテン氏がいうように、アメリカの経済界は、「法の盲点を利用してまで利益を得ようとする習慣が身に付いている社会」であり、そこでは、「会計方式を悪用して粉飾決算を行なうことは『朝飯前』」なのである（同上、五五頁）。

ことは、会計制度や会計基準の問題ではない。経営者の倫理観と会計士の責任感の問題である。エンロンやワールドコムの経営者を相手に、厳格な会計基準を作ろうとも厳罰を用意しようとも、それは「暴走族を前提とした信号システム」を作るようなものである。一部の経営者も暴走族も、ルールを守る気はさらさらない。ここに、会計だけではなく、法律にしても、教育にしても、車の運転にしても、何らかの倫理観やマナーが必要な世界の限界があるのかもしれない。

かつてアメリカでは、キリスト教の、その中でもプロテスタントの非常に厳しい倫理が強く働き、不正に対する抑止力として機能してきた。会計や監査というのは、経営者の間にそうした倫理観やインテグリティ（高潔さ）が働いていることを前提にしている世界なのである。

しかし、いまのアメリカを見ていると、そうした宗教観も宗教に裏付けられた倫理観も喪ったかのようである。企業不正も会計不正も、きまって白人社会の犯罪だということも問題である。彼らは、世界のリーダーたる気概を喪い、「神をも畏《おそ》れない」「畏れるものなき」不遜《ふそん》の輩《やから》と化したのであろうか。情けないことに、会計学も会計士も、不正の抑止力として役に立たなかったどころか、「不正を手助けする道具」に成り下がってしまった。

価値判断を避ける日本人

日本は、どうか。われわれ日本人は、ことの善悪を判断する規範として倫理・道徳を重んじてきたが、戦後、経済力をつけると共に急速に倫理観や道徳心を喪った。自ら価値判断する勇気を喪い、アメリカに追随することに価値を見いだしてしまった。それだけ、アメリカが輝いていたともいえよう。

ビル・トッテン氏は、日本の現状と将来を憂えて、次のように述べている。

「次第に日本人から道徳は薄れていった。そして道徳という行動規範が失われたいま、日本人の新しい行動規範はアメリカに追随することになった。自分たちに確固たる規範がないから、アメリカのいうとおりにする。アメリカの圧力や指導があれば喜んでそれに従うし、アメリカの指導がなければ、わざわざアメリカを見習い、その制度や慣習まで真似をする。」

(ビル・トッテン、二〇〇二年、五五頁)

そういわれてみると、わが国の会計改革自体はアメリカの圧力で始めたが、時価会計の基準も、退職給付の会計基準も、減損会計の基準も、アメリカからの圧力も指導もないのに、嬉々としてアメリカを見習おうというものである。まるで、アメリカの歓心を買おうとしてちぎれんばかりに尻尾を振っているのが、日本の現状ということであろうか。

本章では、アメリカの経営・会計における「悪魔の錬金術」を紹介した。こんなにたくさんの錬金術があるのかと、驚かれたのではなかろうか。しかし、クル！グマン教授は、不吉なことをいう。

「これまで発覚した巨額のビジネス・スキャンダルは、それぞれ異なる手口を用いている。したがってエンロンや、ワールドコムのような策略をめぐらした企業が他にもあったと考えるだけでは、十分ではないのである。当然のことながら、他の企業は他のトリックを使ったに違いないのだ。」（ポール・クルーグマン、三上訳、一四九―一五〇頁）

他の企業が使ったはずの「別のトリック」はいまだ露見していない。どれだけのトリックがあるのか、あといくつか大企業が破綻しない限り、そのあらましさえ明らかになることはないであろう。

アメリカ会計が抱える問題は、こうした「悪魔の錬金術」「インチキ会計」「トリック会計」だけではない。一見してまともと見える会計でも、制度が予定したようには運用されず、経営者や政治家の私利私欲を満たす手口に変えられてしまっている。そんな手口とされたのが、次章で紹介する、四半期報告、包括利益、合併会計、プロフォーマ財務諸表、そして、ストックオプションである。

注

(1) エンロン事件で一躍世界の注目を浴びたのは、会計事務所の「アンダーセン」であった。アンダーセンは、二〇〇二年までは、「アーサー・アンダーセン (Arthur Andersen)」という名前であったが、同事務所のコンサルティング部門であった「アンダーセン・コンサルティング」が独立して「アクセンチュア (Accenture)」と名乗ることになったのと同時に、名称を変更して、単に「アンダーセン」と名乗ることになった (S・E・スクワイヤ他、平野訳、二〇〇三年、一三六頁)。

第2章 ギャンブラーのためのアメリカ会計

——四半期報告、包括利益、合併会計、プロフォーマ財務諸表、ストックオプション——

制度の狙いは正しくとも、その運用が正しく行われるとは限らない。タイムリー・ディスクロージャーという目的からは、四半期報告もプロフォーマ財務諸表も優れたアイデアである。しかし、本当のことをタイムリーにディスクローズしたら、アメリカの経営は成り立たない。

私利私欲を満たすアメリカ会計制度

アメリカ会計のギャンブル化

アメリカでは、投資家に対して三か月ごとに企業業績の開示が行われている。いわゆる、四半期報告である。これを真似て、東京証券取引所などでも、二〇〇三年四月から、上場企業に三か月ごとの業績（四半期業績）を開示することを義務づけた。さらに金融庁は、株式を公開している企業に対して、四半期の業績開示を義務づける法律を検討しているという（日経金融新聞、二〇〇四年三月二五日）。

国際会計基準審議会（IASB《アイアスビー》）は、損益計算書における純利益の表示をやめて、「包括利益」を開示する方向で検討中であるという。包括利益とは、簡単にいうと、「公正価値」による資産と負債の評価（時価評価）を徹底し、実現利益も未実現利益も区別せずに、まとめて利益として報告するものである。

四半期報告も包括利益の報告も、「投資情報をタイムリーかつフルにディスクローズする」という美名のもとに企まれているが、実は、経営者や投資家の「ギャンブル利益」を増やす手段と化しており、このままでは企業経営と会計を破壊するおそれがあるのである。

自分を「フェア」と呼ぶ「アンフェア」

主観的な時価を正当化するために「フェア・ヴァリュー（fair value）」などという名称を使うのを見ても、いかに「アンフェア（不公正）」であるかがわかる。要するに、時価はフェアだけれども、原価はアンフェアだといいたいのである。自分のことを「正直者です」というような人物をにわかに信じられないのと同じように、時価論者が「時価はフェア」ですというのも、意図が透けて見えるだけに、信じようがないではないか。

アメリカの減損会計がV字回復を演出する手段として悪用されてきたことは、上述した通りである。また、この国で、企業結合の会計処理に使われてきた「持分プーリング法」が禁止されたが、それが「利益のでっちあげ」策として悪用された結果であることも、上述した通りである。

ストックオプションは、アメリカでは、経営者と株主が利益を山分けする手段として使われている。利益を出して株価を上げないと、利益の山分けもできない。そこで、この国では、何が何でも利益と株価を上げようとして、あらゆる手を使ってきた。そういう意味では、ストックオプションは、諸悪の根元なのである。

わが国では、そんなアメリカ事情もよく知らずに、アメリカ基準は世界標準だとばかり、アメリカをまねて減損会計基準や企業結合会計基準を設定した。いうまでもないが、基準を設定している人たちは、こうした事情を熟知した上で、アメリカ基準を取り込もうとする。

前章では、アメリカ会計の錬金術をいくつも紹介した。そのほとんどは、会計ルール違反、はやりの言葉でいうと「不正な会計」である。これだけでも十分、アメリカ会計の「本当の姿」を見ることができるが、一部の読者は、「こんなインチキは、ほんの一握りの会社が犯したもので、多くのアメリカ企業はまじめに会計・決算をしているはずだ」と考えるであろう。

「アメリカの会計がおかしい」などと、わが国の会計学者や公認会計士にいえば、決まって、「アメリカでは、日本とは比べものにならないくらい、会計問題を真剣に考えている」「SECも公認会計士協会も、会計や決算が正しく行われるように、誠心誠意努力している」「問題となったのは、特殊なケースだ」「日本は、アメリカに比べて二周くらい遅れている。日本がアメリカを批判できるか」というのである。

日本人は、特に、アメリカに行ったことのある日本人は、自分が接したアメリカ人（多くは白人）の「人の良さ」「親切心」「フレンドリーな態度」「分け隔てのない扱い」などに感銘して、アメリカ人全体を高く評価する傾向がある。

私が住んでいる横須賀には米軍のベース（基地）があり、私が住むマンションにも米軍の基地で働くアメリカ人がたくさん住んでいる。わが家も、その何人かと家族づきあいしているが、確かに彼らはフレンドリーであり、親切で、何につけてもフェアであろうとする。わが家の息子や娘はいつも、何かと誉めて貰っているし、ときには、家内や私までもが誉められる。日本人は、他人（学生、部下、仲間、友人、いえ先輩、上司までも）を誉めることはほとんどなく、いつも決まって「けなす」「バカにする」「無能呼ばわりする」。

それが、アメリカ人から、チョットしたことで誉められて、自分も他人を誉めなければと反省する。アメリカ人には、そうした美点を備えていることは否定しない。だが、あえていうと、そうした特質は、イギリス人のほうが、数段、高等である。うそだと思うなら、イギリス、それもロンドンを離れたところを訪ねてみるとよい。

しかし、アメリカ人とかイギリス人とかに関係なく、金が絡んだ話になれば、彼らは「親切」でも「人が良い」でもなければ「フレンドリー」でもなく、当然のごとく牙をむいてくる。そんなことを経験していない日本人は、よくいえば「お人好し」、悪くいえば「人を見る目がない」のである。前章で紹介した「アメリカ企業の錬金術」は、そうした金が絡んだときのアメリカ人を紹介したものである。

前章は、アメリカ会計のインチキをたくさん紹介したが、本章では、四半期報告、包括利益、合併会計、プロフォーマ財務諸表、ストックオプション会計という、最近のアメリカ会計を特徴づける五つのテーマを取り上げて、ここでも制度が予定したようには運用されず、経営者の私利私欲を満たす手口とされている状況を明らかにする。

四半期報告がギャンブル体質を生み出す

四半期報告の狙いは、企業の会計情報をタイムリーに投資家に知らせることにある。タイムリー・ディスクロージャー（情報の適時開示）である。

まったく間に新しい産業が興隆をきわめ、新しい製品が瞬時に市場を席巻する時代である。逆に、数か月の間に、大手企業が破綻することも珍しくない時代でもある。

投資家にしてみれば、企業経営の動向とそれを数値化した会計情報は、リアルタイムに入手したい情報である。そうした情報ニーズに合わせて、アメリカでは、三か月ごとに会計情報を開示してきた。

タイムリーに情報を提供するという狙いは正しい。しかし、制度が狙いの通りに運用されるとは限らない。アメリカ企業の例をみよう。

利益は経営の目的に非ず

この国では、四半期ごとに経営成果を計算・報告してきた。この国では、四半期情報に株価が敏感に反応する。そのために、経営者は、毎四半期に何らかのグッド・ニュースを報告しなければならない。投資家も、四半期ごとの利益額を見て株を買ったり売ったりする。アメリカの投資家は、次第に短期的な投資観しかもたなくなり、アメリカの経営者はそうした近視眼的な投資家の情報ニーズに合わせた会計報告をするようになったのである。

わずか四半期（三か月）かそこらでは、本業の利益が大きく変動することはない。本業の利益ではグッド・ニュースを作れないのである。短期的に変わるとすれば、財産の金額、特に価格変動にさらされている金融商品やデリバティブの価値である。後は、利益を「作る」しかない。

アメリカの企業が、さかんにM＆A（合併や買収）を行うのも、デリバティブに手を出すのも、ギャンブルまがいの取引を繰り返すのも、簡単に利益をひねり出せるからである。いや、簡単に「利益を作る」ことができるからである。

かくして、アメリカの四半期報告で最も重視されるのは短期利益の多寡《たか》である。ここでは、「利益を稼ぐ」ことが重要なのではなく、「利益額を大きく報告する」ことが重要なのである。利益は経営の「目的」ではなく、高株価経営の「手段」と化したのである。

利益が手段と化した途端、アメリカ企業は、儲けの出ている他企業を買収したり、デリバティブを駆使したり、未実現利益を計上したり、将来利益を時価評価（前倒し）したり、費用を先送りしたりして、何が何でも利益の額を嵩上《かさあ》げしはじめたのである。

キャッシュ・フローなき利益

こうした手口は、すべて、損益計算書を美化する効果はあるが、キャッシュ・フローがついてこない。つまり、いくら外見上利益を計上できても、それに見合うキャッシュ・フローがない。

これこそ、株価を吊り上げることだけを考えて行われた会計操作で、こんなことを続けていたらいつかは破綻することを誰もが分かっていたはずである。誰もが分かっていながら、破綻への道を突き進んだのが、エンロンであり、ワールドコムであった。

アメリカでは、エンロンをはじめとする一連の不正会計事件の後、会計事務所を監視する独立の機関として、上場企業会計監督委員会（ＰＣＡＯＢ）が新設された。初代委員長のマクドナー氏は、経営者が短期的な利益を出すことに熱心になるあまり、企業と株主の長期的な利益がないがしろにされがちであることを指摘し、経営者は、四半期の業績予想をよくすることから距離を置き、長期的な視点で事業を運営するべきことを説いている（日経金融新聞、二〇〇四年三月三日）。まさしく正論である。

ついでながら、アメリカの企業がいかに一般株主を軽視しているかを例示する。これまでアメリカでは、四半期報告を公表する前に、アナリストも交えて極秘の電話会議がもたれ、会社が四半期ごとの利益目標を達成したかどうかを経営陣が説明してきた（ブルースター、山内訳、三一七頁による）。

つまりは、経営者もアナリストも内部情報を手にすることができ、会社の所有者である株主はそれができなかった。アメリカの経営や会計が、いかにインサイダーの私腹を肥やす手段と化していたかが分かる。フェアな立場からいうと、今は、かつての「極秘の」電話会議が、ウェブ上で公開されるようになり、一般の投資家も、新しい情報を手に入れることができるようになったという。しかし、疑り深い私には、依然として、ウェブ上では公開されない「最新情報」、アナリストにしか手に入らない「極秘情報」があるように思えるのだ。

話を元に戻すと、今、わが国は、エンロンやワールドコムを生んだ「四半期報告」を真似ようとしている。二〇〇四年四月からは、東京証券取引所が要約財務諸表などの開示を義務づける予定であるというし、前述のように、金融庁は、上場会社に対して四半期の業績を開示する法律を作ろうとしているという。日本がアメリカを真似れば、アメリカと同じような問題を生まないという保証はどこにもない。

包括利益は投資の意思決定に役立たない

「接着剤」なき財務「諸」表

今日の会計では、複式簿記のシステムから出てくるデータのうち、フロー・データで損益計算書を先に作り、残りのデータでバランス・シートを作成している。一つのシステムから二つのアウトプットが生まれることが、これまで多くの会計論争の原因となってきた。

会計学ではこれまで、損益計算書は企業の経営成績（収益力）を示し、バランス・シートは企業の財政状態（財務状態）を示す、と説いてきた。しかし、今の会計学では、この二つの計算書が示すといわれる「経営成績」と「財務状態」を、統一的・一元的な目的観で説明し切れていない。つまり、一つのシステムから生まれる二つの計算書を一元的に解釈する「接着剤」は、いまだ開発されていないのである。

そのために、損益計算書を重視する「動態論」が生まれ、他方で、バランス・シートを重視する「静態論」が生まれる。動態論では、バランス・シートは損益に計上されなかった項目の「残高表」であり、静態論では、損益計算書はバランス・シートの副産物として扱われる。

最近におけるアメリカ会計の動向は、バランス・シートをできるだけ包括的なもの（何でもオンバランスにする）にし、オフバランスの資産や負債をできるだけ無くそうとしてきた点に特徴がある。バランス・シートを「残高表」と見ず、より積極的に企業財産（資産と負債）の実態表に変身させせようというのである。

しかし、その結果、損益計算書には、バランス・シートに載らない項目やバランス・シートに載せた項目の反対科目（バランス・シートに借方項目を載せたときには、その貸方項目）が、その期の損益かどうかに関係なく、計上される。そのままでは、損益計算書がゴミ箱化しかねない。そこで、そうした不純物については損益計算書を通さずに、バランス・シートの資本勘定（剰余金）に直接チャージ（加減）することが認められてきた。

クリーン・サープラス

近代会計の良識は、「すべての損益項目を、必ず、一度だけ、損益計算書に載せる」というものであった。「すべて」「必ず」というのは、損益計算書を通さない損益項目を認めないということ（と非計上を認めないということ）で、「一度だけ」というのは、ダブル・カウントしないことである。

そうすることにより、損益計算書にその役割を果たさせるとともに、直接バランス・シートに損益項目をチャージするような会計処理をさせないのである。バランス・シートの利益剰余金は、当期の純損益として損益計算書の末尾に掲げられた金額だけが加減され、それ以外の項目がチャージされることはない。

これで、利益剰余金という留保利益のたまりを使った会計操作はできなくなる。バランス・シートの剰余金が悪用されないということから、こうした会計方式や剰余金を「クリーン・サープラス（剰余金）」と呼んできた。

ところが、上で述べたように、アメリカの会計が、バランス・シートをできるだけ包括的なもの（何でもオンバランスにする）にし、オフバランスの資産や負債をできるだけ無くそうとしてきたことから、損益かどうか疑わしい項目が損益計算書に計上されるようになる。次には、これを回避するために、損益計算書からみて「不純物」と考えられる項目は損益計算書を通さずに直接、バランス・シートの剰余金にチャージ（加減）するようになってきたのである。

かくしてバランス・シートの剰余金がゴミ箱化する。口悪くいえば、「ダーティ・サープラス」となったのである。

「包括利益」は静態論からの「弥縫《びほう》策」

こうした損益計算書をバイパスする項目が増えるにつれて、他方から損益計算書の有用性が低下するといった批判が強まり、この批判をかわすために、いったん損益計算書に計上して、損益計算書を通してバランス・シートの資本勘定にチャージする方法が考え出された。

そうすると、バランス・シートに記載すべき項目は、当期の損益かどうかに関係なく、すべて、いったん損益計算書に計上しなければならない。これが、「包括利益」であり、これを記載する損益計算書を「包括利益計算書」（FAS第一三〇号）という。こうした計算書が国際会計基準にも導入されようとしているのである。

「包括利益」という考え方は、損益計算書を重視する動態論からの発想ではなく、あくまでもバランス・シート重視に対する批判をかわそうとする静態論からの「弥縫策《びほう》」（井尻雄士、一九九八年、一二三頁）に過ぎないのである。

包括利益の典型的な例が、資産の評価差額である。IASBの構想では、金融商品の評価差額（時価変動分）をいったん未実現損益として損益計算書に計上したならば、これが実現した段階で実現損益に振り替える処理（これを、リサイクリングという）を認めない。

評価損益はすべて包括利益を構成するものとして報告され、それが実現したからといって損益計算書で再報告することはしない。利益は、評価益の段階で報告され、いったん報告された利益は売却時には計上されない。かくして、決算対策のための益出しは封じられる。

この処理は、益出しを封じるためのものではなく、あくまでも資産を時価評価するためのものであり、結果として、伝統的な実現概念を否定するものである。包括損益計算書ではリサイクリングが認められないために、実現した利益の額を知ることができず、実現概念をベースとした当期純利益は計算・表示されないことになる。

包括利益を主張する人たちの考えでは、実現利益などは「作られた数字」であり、無意味なのである。

しかし、包括利益しか表示しない損益計算書を見せられても、企業の経営成績を判定することはできない。何せ、実現した利益も、実現しそうな利益も、実現しないかも知れない利益も、一緒くたにして報告されるのだ。バランス・シートを時価で表示しようとすれば、こうして損益計算書が破壊されるのである。

時価会計なら将来利益を前倒しで計上できる

では、なぜ、バランス・シートを時価で表示しようとするのであろうか。会社財産の現在の状態を示すという考えもあるが、時価は「売れたらいくら」「収入があったら現価はいくら」という仮定の世界、「たられば」の世界の話であり、とても「現在の状況を示す」とはいえない。

時価を使うもう一つの理由（アメリカではこちらが本音である）は、将来利益を前倒しで計上できるからである。時価には、売却時価と将来収入の現在価値とがある。将来収入をもって時価とすれば、保有する資産や契約から生じる将来利益が評価差額として損益計算書に計上される。

その典型は、エンロンの先物契約である。

エンロンは、石油・天然ガス・電力の先物販売をドル箱としていた。商売のやり方は、電力会社や工場などと何か月か先に決まった値段で石油・ガスを供給する先物契約を結び、さらにこの先物契約の権利を売買する市場を作り、自ら売買して利益を増やすというものであった。

エンロンは、先物の契約が取れた段階で、売れる場合には契約の権利を自分で作ったマーケットで売却して利益を出し、売れない場合には契約から上がると見込んだ利益を前倒しして計上していた。契約を時価評価したのである。もともと利益が出ることを予想して契約をするのであるから、契約時に時価で評価すれば利益を出すことができるのは当たり前である。利益が出そうもないときには、契約のコストを実際よりも低く見積もって、利益が上がるように装った。

エンロンは、この、将来において手に入ると皮算用した利益を、契約した年次に利益として計上してきたのである。キャッシュ・フローの裏付けのない利益を計上すれば、納税にも配当にも困ることになる。そんなことは分かり切っていることであるが、エンロンもワールドコムも、こうしたキャッシュ・フローの裏付けのない利益を計上して破綻した。その結果、多大な損害を受けたのは、株主であり、取引先であり、従業員であった。

包括利益計算書に計上される利益の一部（主として評価益）は、キャッシュ・フローの裏付けがない。それどころか、この利益はいつ実現するか分からないし、場合によっては実現しないのである。そんな、実現するかどうかも分からない利益までも含んだ包括利益計算書を信用して投資したりすれば、絵に描いたような「黒字倒産」を経験するであろう。

企業結合会計は利益捻出マシーンだった

持分プーリング法とパーチェス法

複数の企業が合併する場合の会計処理は、従来、アメリカでもわが国でも、買収法（パーチェス法）と持分プーリング法が認められてきた。それが、アメリカでは持分プーリング法が使えなくなり、買収法一本になった。

それを受けてわが国でも、持分プーリング法を、原則として適用できないようにしようとしている。ここでも、アメリカの基準は正しく、日本はそれに従わなければならないといった属国精神が顔を出している。

持分プーリング法というのは、企業規模や資産額がほぼ対等の会社同士が株式の交換を通して合併するようなケースを想定した会計処理で、合併当事会社の資産・負債をその帳簿価額で合併会社に引き継ぐものである。合併当事会社の留保利益もそのまま引き継がれ、さらに合併が行われた会計期間の利益も期首から結合されていたかのように合算して報告される。資産・負債を簿価で引き継ぐために、のれんは計上されない。

企業を結合する会計処理として、もう一つ、買収法（パーチェス法）がある。この方法は、ある企業（取得企業）が他の企業（被取得企業）の純資産と支配権を、株式の発行等により獲得するようなケースを想定したものである。多くの場合、被取得企業（買収される企業）よりも取得企業（買収する企業）のほうが大きい。大企業が中小企業を買い取るのである。

この方法では、取得した資産・負債を時価（公正価値）で計上し、買収の対価として交付した株式の時価や交付した現金との差額を「のれん」としてバランス・シートに計上する。被取得会社の留保利益や当期利益は引き継がない。

持分プーリング法は利益を大きくする

買収法に比べて、持分プーリング法は、報告する利益を嵩上げできるメリットがある。例えば、簿価が時価よりも低い資産を引き継げば、その後の減価償却費を少なくすることができるし、これを売却して売却益を出すこともできる。被取得会社の当期利益を、取得会社の利益として報告することもできる。

先にも述べたが、合併すると企業規模、特に自己資本（株主資本）が大きくなり、ROE《アールオーイー》（株主資本利益率）の低下を招きかねない。これを避けるために、合併後に、ほとんどの取得資産を売却して、売却益を計上する一方、売却によって得た資金で自社株を購入して消去する企業が多い。これで、逆にROEが上昇するのである。取得した資産のほとんどを売却するのである。

何のために企業を買収したのか、明白である。その企業の生産設備、生産性、超過収益力、生産効率、知名度、ブランド力、そんなものが欲しかったわけではない。ただただ、当期に報告する利益数値を大きくするためであったのである。

当期に報告する利益を大きくするには、次のような会社を買い取ればよい。

(1)　含み益の大きい会社――取得資産を原価で引き継ぐことを思い出して欲しい。売れば帳簿上の利益が出るし、売らなくても減価償却費は小さくて済む。

(2)　留保利益や当期の利益がある会社――いずれも、取得会社の利益として報告される。

持分プーリング法は、上記のように、のれんを計上しない。したがって、合併後にのれんの償却費を負担しなくて済む。

買収価格は骨董品の値段と同じ

これを理解するには、少し買収法の説明がいる。買収法ではのれんが計上されるために、合併後の償却費負担が問題となるからである。以下、典型的な企業買収（報告する利益を大きくするための合併ではないという意味で）を想定して、買収の会計処理とのれんの償却費の話をする。

買収法では、上述のように、取得した資産・負債を時価（公正価値）で計上し、買収の対価として交付した株式の時価や交付した現金との差額を「のれん」として計上する。

例えば、A社が、資産の時価が一〇〇億円、負債が三〇億円のB社を買収し、B社株式の対価として現金三〇〇億円をB社の株主に交付したとしよう。純資産の時価が七〇億円の会社を買い取るのに三〇〇億円を支払ったのである。七〇億円の資産に対して三〇〇億円も払うなどといった馬鹿なことを会社がするはずがない、と思われるかも知れない。

しかし、英米における企業買収では、純資産の数倍の対価を支払うケースどころか、買収の対価のほとんどが「のれん代」ということも珍しくない。かつては、魅力のある有形資産（工場とか土地）を保有する会社を買収したときにのれんがついてくるというものであったが、最近ではこれが逆転し、のれんを買うと有形資産がついてくるというものになった（田中　弘、二〇〇一年、三一二―三一四頁参照）。

この純資産額と対価の差は、会計上、のれんとして説明され、資産に計上されてきた。では、いったい、のれんとは何であろうか、七〇億円の資産に三〇〇億円も支払うのはなぜであろうか。

A社が、B社を取得するのに三〇〇億円を支払うのは、さまざまな理由がある。このケースでは、

B社の含み益が欲しかったわけではない。

例えば、B社を合併すると、マーケット・シェアが大きくなり、製品の価格決定力を握ることができるとか、B社の技術力や商品の名声といったバランス・シートには現れない価値が手に入るとか、B社を自社グループに加えることにより全国展開ができるようになるとか、B社に高い代価を支払う理由はいくらでもある。他にも、資産価値に対する主観の違いであったかも知れないし、義理・人情・意地で買収したのかも知れない。

七〇億円の資産に何故三〇〇億円も支払ったのかは、買収した当事者以外には分からない。いや、買収の当事者であっても、確信を持って値決めしているとは限らない。企業買収は、ときに、骨董品を買うのに似て、公正な市場価格というものがない。したがって、支払った差額（これを、のれん代という）が妥当な金額であるのか、払いすぎているのか、その逆か、も分からないのである。

買収法なら「のれん」の償却費負担が大

何に対して支払ったのかがよく説明できないにもかかわらず、これまで、会計では、この差額をのれんとして資産に計上してきた。実体のない資産を計上することは健全な会計処理とはいえないことから、資産に計上したのれんは、一定期間内において償却する。これが、のれんの償却である。企業会計原則では、償却期間については言及していないが、毎期均等額以上を償却することを定めており、商法では、のれんを取得後五年以内に毎期均等額以上償却することを規定している。

上の例でいうと、二三〇億円ののれんが計上され、商法に従ってこれを五年以内に償却しなければならない。均等額とすれば、毎期、四六億円もの償却費を計上しなければならなくなる。買収法を使うと、このケースのように、合併後、のれん償却費を負担しなければならない。

巨額ののれんがバランス・シートに計上されるならば、その後の償却費も巨額になる。大型の買収であればあるほど、買収のあとに計上する償却費が巨額になり、場合によっては当期の利益を吹き飛ばしかねない。かくして、持分プーリング法を禁止して買収法だけにすれば、のれんの償却費が邪魔して企業結合（企業再編）が行われなくなるおそれが高くなる。

多くの事業において、世界に冠たる企業を生み出すためには、有力企業同士の結合や補完関係にある企業同士の結合が必須であり、企業結合は国益にもかなうところがある。それが、持分プーリング法が使えなくなると、企業同士の結合が難しくなるのだ。

ソニーがコロンビア・ピクチャーズを買収したとき

少し古い話になるが、ソニーが、アメリカの名門映画会社、コロンビア・ピクチャーズを買収したとき、のれん代として五一九三億円も支払ったという（日本経済新聞、一九九〇年二月二三日）。おおざっぱないいかたをすれば、ソニーは、コロンビア・ピクチャーズが所有する純資産の価値よりも五千億円以上も余計に支払って同社を買収したのである。いわゆる、M＆A（合併と企業買収）である。

アメリカでは、M（merger：合併）とA（acquisition：企業買収）は、ほとんど同じ意味合いで使われている。乗っ取り（takeover）という表現も同じ意味である。

わが国では、企業結合（合併）は、ほとんど話し合いによる合併である。したがって、そこではまったく金が動かない、つまり、合併する企業にとってまったく資金を必要としないのが普通である。

これに対して、イギリスやアメリカでは、まず相手企業の株式を取得することによって買収し、これを子会社にするか合併する。当然に買収の資金が必要になるし、のれん代（プレミアム）を支払わなければならないことも多い。大型の企業を買収する場合や、同じ企業を買収しようとするライバルが現れれば、のれん代も高額になる。

ソニーが、本体でコロンビア・ピクチャーズを買収すれば、五二〇〇億円ののれん代を、日本の商法に従って五年以内に償却しなければならない。毎年、一〇〇〇億円もの償却費を計上するのである。この金額は、当時（一九九一年）のソニーの税引後連結利益（SEC基準で一一六九億円）に匹敵する。当時の税率を五〇％として、のれん代の償却費を計上すると、連結利益は半減する（1,169×2－1,000）×0.5＝669）。これでは、いくらソニーでも、コロンビア社を買収することができない。買収後の連結利益が半減すれば、株価にも大きな影響が出る。

ソニーは、実は、本体で買収したのではなく、ソニーの在米子会社（ソニーUSA）を使った。在米子会社を買収の当事者とすれば、アメリカの基準により、のれん代を最長四〇年で償却することができる。

なぜ、日本企業であるソニーが、日本基準ではなく、アメリカ基準を採用することができるのであろうか。伊藤邦雄教授は、日本企業のソニーであっても、次の二つの理由から、アメリカ基準を採用することができる、という（伊藤邦雄、一九九一年、二八頁）。

(1) ソニーは、米国預託証券（ADR）を発行しており、その発行の際米国GAAPにもとづいた連結財務諸表の作成が求められていること。

(2) ソニーの米国企業買収は、ソニー・アメリカを通して行われた。わが国の旧・連結財務諸表規則取扱要領第二三（現・連結財務諸表規則第八七条）は、連結子会社が所在地国の会計基準を採用することを認めていると解釈できる。したがって、ソニー・アメリカは、所在地国（すなわちアメリカ）の会計基準を採用することができる。

アメリカの基準を採用すれば、ソニーは、のれん代を最長四〇年で償却すればよい。五年と四〇年では、子会社取得後の連結利益に重要な相違を生む。四〇年償却となれば、年間の償却費は一三〇億円、連結利益に与える影響はわずかに六五億円（1,169×2－130）×0.5=1,104）に減少する。

買収法は企業再編にとってブレーキ

アメリカのM&Aは、次第に大型化してきたが、時には小規模の会社が大企業を買収することもある。いずれの場合も、買収会社にとっては、巨額ののれんが発生する。そんなときに、持分プーリング法を禁止して、巨額ののれんを計上させ、これを毎期償却させるとなると、企業再編にブレーキをかけることになりかねない。

そこで、アメリカでは、持分プーリング法を禁止して買収法を採るようにすると同時に、買収法によって計上したのれんを償却せず、これを定期的に評価（時価評価）して、のれんの価値が低下したときには評価損を計上することにしたのである。これで、巨額ののれんを計上しても、その後の経営成績を圧迫することはなくなるというのである。

しかし、のれんを評価する手法は確立されていないし、仮にそうした手法があるとしても、企業を買収する対価を決めるときに使われるわけではない（上述したように、実際の企業買収では、取得する純資産の何倍もの対価を支払うことが多いが、なぜ、そのように多額ののれん代を支払うのか、買収の当事者でもうまく説明できないことが少なくない）。

買収した会社からすれば、買収後に巨額ののれん評価損を計上したりすれば、高い買い物をしたことになり、経営者の評価にもマイナスである。のれんの評価方法が確立していない以上、計上した評価損が適当なレベルなのか過小なレベルなのかも判断できない。のれんの評価方法が確立していないときに、のれんを非償却として、定期的に時価評価して評価損が発生したときにだけ損失を計上するということになれば、これから、のれんの評価を使った利益操作が横行する危険がある。

例えば、当期にのれんを時価評価して巨額の評価損を計上し、翌期にV字回復を演出することもできるし、いったん計上した評価損を、翌期に訂正して戻し入れる（修正益）こともできる。買収によって取得したのれん（買い入れのれん）は、本当の価値が分からず、しかも、利益操作の道具になりかねないのである。

注目をあびる「ブランド」

そこで、のれんの大部分を占めていると考えられる無形資産、その中でももっとも大きな価値があるはずのブランドが注目されるのである。

ブランドは、トレード・マークのように、法によって保護される部分もあるが、放っておいたら価値を喪ってしまうこともある。そのよい例が、「エスカレーター」であり、「ブラジャー」であり、「シャープ・ペンシル」であろう。いずれも、もともとは商品名、つまり、ブランド・ネームであったが、今日では一般名詞化してしまい、ブランドとしての価値を喪っている。

ブランドは、企業が不祥事を起こしたりして価値を喪失することもあれば、社会や環境の変化によって価値を喪うこともある。雪印ブランドや三菱ブランドがその好例である。

しかし、一般的には、各企業がブランドの価値を維持するために、毎期、多額の費用を負担しているのであるから、資産として計上されたブランドは償却する必要がないという主張も成り立つ。ブランドを護るために、毎期、多額の費用を負担し、そのコストは損益計算書に計上される。この上に、買い入れたブランドの償却費を損益計算書に計上するとなると、ブランドの費用を二重に計上することになる、というのである。ブランド償却不要論である（詳しくは、田中　弘、二〇〇一年、第一〇章）。

もしも、のれんの大部分を占めるブランドが償却しなくてもよいということになれば、のれんからブランドを分離して、別の資産として掲げることができる。

アメリカでブランドの評価が注目されるようになった背景には、合併の会計処理として持分プーリング法が禁止され、買収法に一本化されたことがある。日本には、こうした状況はない。日本では、持分プーリング法が悪用されたといえるケースはほとんどない。それにも拘わらず、日本でも、原則的に持分プーリング法が禁止され、買収法に一本化される。ただ、アメリカ基準がそのように変わったから、日本もそれに倣《なら》うのである。

小が大を飲み込んで時価評価

企業結合の会計として何を採るかは、すぐれて国益・国策の問題でもある。産業再編や企業集団の形成は国力をつけ、国際競争力を伸ばす道でもある。国益を護り、国際競争力をつけるためには、産業再編や企業集団の形成を助長するような会計制度が必要なのである。

買収法では、合併する当事会社を、合併される会社（会社は消滅する）と合併する会社（会社は存続する）に色分けしなければならない。大小、優劣がはっきりしている場合はよいとしても、合併当事会社がお互いに対等と考える場合や、諸般の事情から対等のように振る舞わなければ合併することが難しい場合には、買収法は企業結合を邪魔することになりかねない。持分プーリング法を悪用した形跡があまりない国で持分プーリング法を禁止すれば、産業再編などに大きな支障を来すのではなかろうか。

今のところ例外的なケースであるが、三井住友銀行がわかしお銀行と合併したとき、法律上の存続会社をわかしお銀行とした（合併後の銀行名は三井住友銀行であるが）。それは、わかしお銀行の資産を再評価するよりも、含みのある三井住友銀行の資産を再評価した方が、新銀行のバランス・シートがよくなるからであった。

この手を使えば、含みの大きい会社は、小さな会社を存続会社として合併し、自社の資産を再評価して含みをオンバランスすることができる。企業結合の会計基準が買収法に限定されるようになれば、今度は、こうした手で、含み益を吐き出す企業が増えるかも知れない。

いいとこ取りのプロフォーマ財務諸表

クリーム・スキミング

アメリカの主要企業は、監督官庁であるSEC《エスイーシー》に定期的に会計報告書を提出するが、各企業はその一か月ほど前に、見積もりの財務諸表を作成して一般に公表する慣行がある。これが、プロフォルマとかプロフォーマ（pro forma）財務諸表と呼ばれる。プロフォーマは、ラテン語で、「見積もりの」とか「仮の」という意味である。

正式の会計報告書ではなく、したがって、SECやFASB《ファスビー》の規制やルールはない。それをいいことに、各企業は、都合のいいデータだけを集めて、自社にとって有利な情報だけを発表する。それをもとに、アナリストや経済誌・紙がその企業へ投資することを推奨する。それで投資家が先を争って株を購入し、株価が急上昇する。

赤木昭夫教授によれば、「見積もり報告にあった良さそうなデータが正式報告に見つからないだけでなく、どうにかすると、正式の報告すらもかなり日数が経ってから修正申告されることが少なくない」（赤木、二〇〇二年、一六三頁）という。しかも、「修正申告の件数は……九七一二〇〇〇年は七〇〇に達した。この件数の多さは会計報告の粉飾がかなり広範囲にわたり、どの報告もにわかに信用できないことを物語っているが、そうした修正は注目されず株価はつりあげられたままになる」（同上）というのである。

プロフォーマ財務諸表は、わが国の損益計算書でいう「経常利益の部」までの損益計算書に近く、その期の経営成績を表さない、つまり、一時的な損益や特別損益を排除したものである。ストックオプションを付与しても、リストラに多額の費用がかかっても、企業を買収して生じた評価損も、いっさい計上しない。そうした一時的な費用や損失を計上しないばかりか、将来に見込まれる売上げをも、当期の売上げとして計上することもできる。

先に紹介したように、エンロンも、先物の契約が取れた段階で、プロフォーマ上、将来利益を前倒し計上していた。

ビル・トッテン氏（株式会社アシスト社長）によると、このプロフォーマという会計方式が生まれたのは、「一時的な損失によって将来の株価が影響を受けるべきではない」というもっともらしい理由からである（ビル・トッテン、二〇〇二年、五〇頁）。

投資家は裁判に勝てない

かくも欺瞞《ぎまん》的な会計情報の公開が堂々とまかり通っているのは、同氏によれば、「それはクリントン政権時代に成立した米国民事証券訴訟改革法によって、企業や経営者、監査人に対して投資家が訴訟を起こしても勝つのが難しくなったことに起因している。これによって企業と会計事務所、投資銀行がなれ合いの関係になり、会計方式を悪用して利益をかさ上げすることがおおっぴらに行われるようになった。」という（同上）。

それでなくとも、コモンローの世界では、損害の種類・性質により法が保護する内容やレベルを異にするという伝統がある。

コモンローでは人身や財物に対して有形の損害を与えた場合には、その損害の発生を合理的に予見しうるかどうか（予見可能性の準則）により注意義務の有無を認定し、純粋に経済的な損失だけが発生する場合には、特別の事情がない限り、法はその損害を保護しないようにしてきた。上でいうような欺瞞《ぎまん》的な会計情報の公開によって誰かに損害を与えたとしても、純粋に経済的な損害という範囲に入るであろう。

なぜ、経済的損失を法が保護しないのか、それなりの理由がある。ある行為（例えば、何らかの情報を提供する）の結果、他人の経済的利益に及ぼす影響というのは、ほとんど際限がない。

例えば、ある日、ニュース・キャスターが「今年の夏は暑くなりそうですね」といったために、ある電機メーカーは暖房器具の生産をやめて急遽エアコンを増産し、洋品店は夏物衣料をいつもより大量に仕入れ、食品会社は、アイスクリームやビールを増産したとしよう。若い人は、海の家や避暑地のペンションを予約し、サーフボードを新調し、工場では、猛暑に備えて散水機や冷風機を購入したとしよう。

しかし、その夏が、実は冷夏であったとしたら、どうなるであろうか。

メーカーも工場も、若い人も、猛暑に対する投資は無駄になる。こうした場合に、皆がニュース・キャスターを訴えて損害賠償を求めることができるとすれば、ニュース・キャスターの責任はあまりにも広大すぎる。

そこで、コモンローでは、伝統的に、行為者の責任が広大になりすぎることを避けるために、純粋に経済的な損失が発生するケースについては、法が保護しないことにしてきた（詳しくは、田中、一九九三年、第八章を参照）。

国益・産業保護を優先する裁判官

また、アメリカでは、裁判においてさえ、国益や産業保護が考慮される。企業を相手とした裁判で、国民や投資家の保護や権利の保全が優先されすぎると判断されると、次第に、産業や企業側が有利になるような判決が下されるようになる。

例えば、タバコ会社を相手とした裁判では、一時は禁煙者や喫煙者に有利な判決が多く下され、そのうちにタバコ会社の破綻が増加すると、逆に、タバコ会社に有利な、喫煙者やノンスモーカーにとって不利な判決が続くようになる。

「喫煙者に有利な判決」というと妙に聞こえるかも知れないが、アメリカでは、喫煙によって肺ガンになったとしてタバコ会社を訴えるケースも少なくない。そうした訴訟で、喫煙者の言い分が通れば、その後、似たような訴えが続出し、タバコ会社の破綻が起きる。タバコ会社の破綻が続くと、その後の裁判では、タバコ産業を救済するために、喫煙者の言い分よりもタバコ会社の主張が通るようになる。

会計や監査をめぐる裁判でも同じである。ある時期、公認会計士事務所の敗訴が続けば、会計士事務所が破綻したり、有能な人材が会計事務所に入ってこなくなる。会計士は、企業決算の審判であり、経済社会にとって不可欠な存在である。それが、裁判で負け続けるとなると、会計士を志望する者が激減する。

アメリカの経済社会にとっては、会計士は欠かせない。そこで、その後の裁判では、投資家が会計士を訴えても、会計士に有利な判決が下されるようになるという（こうした事情については、田中、一九九三年、第八章を参照）。

先の、ビル・トッテン氏によると、「企業収益を取り繕うプロフォーマ方式の会計は、すでにアメリカの多くの企業で取り入れられている。ある調査会社の試算によると、S&P五〇〇社が報告した昨年（二〇〇一年）の利益を、一般に認められた会計原則であるGAAPによって計算し直すと、五八％にしかならないという。つまり、プロフォーマによって四二％も利益がかさ上げされていた」（ビル・トッテン、二〇〇二年、四九―五〇頁）という。

ストックオプションは儲けの山分け手段

ストックオプションの処理次第で損益が逆転する

ストックオプション（株式購入選択権）は、一定の価格で株式を購入することができる権利で、権利を付与された経営者や従業員がストックオプションを行使して安い価格で株式を購入し、高い価格で売却して売却益を手に入れる。会社からすると、ストックオプションが行使された場合に、安い価格で株式を引き渡さなければならないことから、自社株の購入価額と権利行使価格との差額は費用となる。

この費用をストックオプションの付与時に計上する処理と、権利行使時に計上する処理がある。すでに述べたように、これまでアメリカでは、二つの会計処理方法を企業が任意に選択できた。

イギリスのエコノミストである、アンドリュー・スマイザーズによると、一九九八年、シスコ社が報告した利益は一三億五〇〇〇億ドルであったが、もしも同社がストックオプションを費用計上していたら、同社は四九億ドルの赤字を報告することになったであろうという（ポール・クルーグマン、三上訳、一三七頁による）。ストックオプションは、会計処理が違えば、決算を大幅な黒字にも、大幅な赤字にもできるのである。

クルーグマン教授がいうには、問題は、ストックオプションによって経営者が巨額の報酬を手にしたということではなく、会社が成功しているように見せることによって自分が手にするカネを増やしたことが不正なのである（同上、一四一頁）。

エンロンやワールドコムの事件をきっかけに、ストックオプションを人件費として権利付与時に計上することを義務づける方向で議論が進んでいる。

ストックオプションの三つの機能

しかし、ことは簡単ではない。ストックオプションには、(1)経営者に対する高額の金銭報酬を避けるという目的と、(2)当面の費用計上を押さえて、利益の嵩上げをする効果、(3)アメリカの「利益分配システム」という機能、があるが、ストックオプションを付与した時に費用化すると(2)の目的を達成できなくなる上に、経営者報酬が公になれば(1)の目的も達成できなくなる。

ストックオプションが、アメリカにおける経営者と株主間での「利益分配システム」として機能している以上、これに代わる有効なシステムを開発しない限り、ストックオプションをやめるわけにいかない。以下、こうした事情を説明する。

アメリカのストックオプションと、日本のストックオプションは、その出所が違うので、なぜアメリカでストックオプションがかくも盛んに行われてきたのかという話をする。

アメリカの経営者報酬は非常に高い。優秀な経営者は、一生かかっても使い切れないほどの報酬をわずか一年かそこらで手にする。エンロンのレイ会長は、エンロン倒産前の二年間だけでも、ストックオプションの換金を含めると、四億ドル（約五〇〇億円）という巨額の金を手に入れたという（赤木昭夫、二〇〇二年、一六二頁）。

クルーグマン教授は、エンロンよりもひどいケースとして、グローバル・クロッシングの創始者が七億五〇〇〇万ドル（日本円にして八二五億円）をも持ち去ったことを指摘している。同社が倒産したというのにである。クルーグマン教授はいう。「現在の経営者たちは、高い評価で会社のために何ができるのかよりも、高い評価で個人の財布に何ができるのかを気にしている」と(ポール・クルーグマン、三上訳、一三七頁)。

ストックオプションは山分けの手段

有能な人が会社の経営をやると、「ビッグバス・アカウンティング」とか「減損処理」を使って会社の「V字回復」を演出し、急速に株価を上昇させる。株主たちは、高率の配当金を受け取ってもよいし、株価が上昇した段階で持ち株を売却して売却益を手にしてもよい。

そこで株主は、株価を上昇させることができる経営者に、高額の報酬を払うようになる。これは、アメリカ企業特有の「利益分配システム」である。会社の業績を上げて株価を上昇させた経営者と、高率の配当か株式売却益を手にすることができる株主との間で、「儲けの山分け」をするシステムとして機能しているのである。

SECは、一部の経営者の報酬が国民感情を逆撫でするくらいあまりにも高額過ぎるとして、経営者報酬を抑えようとした。ところが、自由の国アメリカでは私企業に直接に口出しすることはできないので、経営者の報酬を財務諸表に書かせることにしたのである。

すでに述べたように、高額の報酬を受け取る経営者にとっては、自分の報酬が公表されるのは都合が悪かった。あの社長は年間何十億ドルの報酬を受け取っているということが公になれば、強請《ゆすり》・たかりにあい、強盗や空き巣に狙われ、悪いときには家族が誘拐される。経営者にしてみたら、報酬を公開されると生活が脅かされるのである。

そういうことで考え出されたのが、ストックオプションである。ストックオプションを付与しても、そこから経営者が得られる所得まで公表しなくてもいい。加えて、ストックオプションの費用を計上しなくてもいい。費用に計上しなくてもいいということは、利益をそれだけ嵩上げできる。かくして、ほとんどの会社は、経営者報酬をストックオプションで払うようになったのである。

それが、エンロンなどの「会計不正」を契機にストックオプションを巡る会計処理が不透明かつ不適切だという批判が噴き出した。権利の行使時まで費用を計上しないのは、「費用の先送り」だというのである。

しかし、権利を付与した段階で費用計上することになれば、また経営者は同じ問題に突き当たる。費用計上される以上は、その報酬額もディスクローズされるわけであるから、経営者は、強盗や家族の誘拐を心配しなければならなくなる。とすると、また別の手で、つまり、経営者報酬がディスクローズされないような受け取り方を考え出さなければならないであろう。

報道では、FASBはストックオプションを費用計上する会計基準を準備中で、二〇〇三年内に公開草案を策定し、二〇〇四年に導入する運びであるという(日本経済新聞、二〇〇三年三月一六日)。また、企業改革法によって、アメリカの会計事務所を監督する機関として上場企業会計監督委員会(PCAOB)が新設されたが、初代委員長のマクドナー氏は、企業幹部の報酬が過大とされることについて、「企業が自主的に改革に乗り出さなければ、報酬を規制する法律ができるであろう」と警告を発しているという(日経金融新聞、二〇〇四年三月三日)。

ストックオプションを規制する法律や基準ができれば、上に述べた(1)と(2)の、ストックオプションのメリットは消滅する。では、ストックオプションは使われなくなるかといえば、そうはいかない。上に述べたように、ストックオプションの「利益分配システム」としての機能を代替するシステムが開発されない限り、この制度を使わざるをえない。

「金銭欲は善」

あえていいたい。クルーグマン教授がいうように、「アメリカは今日、金銭欲は善であるというイデオロギーに埋もれている」(ポール・クルーグマン、三上訳、一四五頁)。しかし、ほんの四半世紀前、「アメリカの企業は、今日の強情で抜け目のないものとは似ても似つかない存在だった。それどころか、今日の基準からすると、それらは社会主義的な存在ですらあったといえる。最高経営責任者の給与は、今日の贅沢なものと比較すると少額であった。また、経営トップは株価を上げることに腐心してはいなかった。彼はいくつもの目的のために奉仕し、従業員のためにも働いた。その最たる例はゼネラル・モーターズで、……『ゼネラス（気前のいい）・モーターズ』と社内では呼ばれていた」という（同上、一四五頁）。

「どぶ沼」にはまったアメリカ会計

WASP《ワスプ》の犯罪

アメリカの経営や会計がかくも「どぶ沼」状態に陥ったのは、最近の話ではない。この国の経営や会計は、昔から、白人の金脈・錬金術の場であった。アメリカの経済界では、世界に先駆けて事件が発生する。特に、金が絡んだ事件はそうである。経済が発達し、先進的な金融技術が駆使されている社会であるからこそ、経済不正も先進的なテクニックを駆使したものが起こる。しかも、その不正はけた外れに巨額である。

すべて、高学歴の白人が犯した犯罪である点で、この国の悩みは深い。アメリカ社会が多民族社会であることはいうまでもないが、多民族の頂点に立つ白人（人種としてはアングロ・サクソンで、宗教はプロテスタント、WASP《ワスプ》――White, Anglo-Saxon, Protestant――と呼ばれる）が、政治も経済も支配しているのである。

一九世紀後半以降に移民としてアメリカに渡ってきた人たちにとって、アメリカ人になるということは、とりもなおさず、WASPの文化、価値観、生活様式を受け入れ、それに同化することであった（『朝日現代用語　知恵蔵二〇〇四』、二〇一頁参照）。

利権や金に絡む話は、すべて白人――それも、MBA《エムビーエー》（一流大学の経営学修士号取得者）、会計士、弁護士といった高等教育を受けることができた白人――が握ってきた。白人の犯罪によって被害を受けるのは、決まって、所得が低い白人と有色人種である。

そのことは、エンロンやワールドコムの事件で証明済みである。この国を支配する、きわめて少数のWASPが、国民の富を不当に奪ってきた。このことが政治問題化すれば、政権を揺るがすほどの威力がある。

なぜなら、アメリカの政権を握ってきたのは、ケネディとレーガン（共にアイルランド人）を除けば、すべてWASPだからである。ただし、レーガンはプロテスタントであった。そのため、準WASPの扱いを受けている（越智道雄、一九九八年、一四七頁参照）。アメリカ大統領でWASPでなかったのは、未だに、ケネディひとりである。アメリカはWASPが非WASPから収奪する社会なのである。

世界で一番進んでいるのは先進的不正

アメリカの経営（者）や会計（経営者・監査人）が「どぶ沼」に陥ったのは、この国の国民、とりわけ白人が宗教心や倫理観を喪ったことと関係がある。その点で、わが国の経営者や監査人にとって、対岸の火事といえない。わが日本人には、今では宗教心も倫理観も無縁のものである。だから、アメリカと同じ（いや、それ以上の）問題が起きても不思議はない。

アメリカの会計ルールが「世界で一番進んでいる」とか「世界で一番厳しい」といわれてきたのは、会計や経営を巡る不正やトラブルが先進的だからである。ルールというものは、事件もトラブルも起きないところには必要がない。アメリカに世界で一番厳しいルールが生まれるのは、それだけこの国に不正や問題が多いからなのである。

多くの会計学者や会計士は、どうやらアメリカびいきらしく、こうした話には耳を貸さない。しかし、世界の会計が、アメリカ会計病の被害者になることは避けたい。では、どうすればよいか。答えは、アメリカの真似をしないことかも知れない。

本章の最後に、株式会社アシスト社長ビル・トッテン氏の、次の言葉を紹介したい。

「私は、日本企業のみならず、日本人全体がアメリカ追従の色を濃くしていることに非常に大きな危機感を抱いている。『日本の三年先を見たければ、アメリカの現在を見ろ』といわれているが、このままでは日本は、すべてにおいて利益を優先するアメリカの後追いをすることになる。本当にそれが日本にとって賢い選択であるのか。先進的といわれてきたアメリカ経営の化けの皮が剝がれたいま、日本の企業人が道徳の重要性を再認識し、もう一度進むべき道を見直すことを私は切に願う。」(ビル・トッテン、二〇〇二年、五五頁)

第3章　金融ビッグバンと会計改革から学んだこと

日本の会計も、アメリカ会計に負けないくらい「不思議」に満ちている。アメリカと違うのは、火も煙もないところに「消化基準」のアメリカ基準を持ち込んで、マクロ経済を破壊していることである。日本の基準を作る人たちはどうもマゾヒズムが好きか、アメリカに尻尾を振りたいらしい。

外圧による会計改革

エスペラント語から世界標準へ

かつては「エスペラント語」扱いされていた「国際会計基準（International Accounting Standards：ＩＡＳ《アイエーエス》。現在は、International Financial Reporting Standards：ＩＦＲＳ《イファーズ》：国際財務報告基準）」が、にわかに注目を集めている（以下、通用性が高いＩＡＳという表現を使う）。

ＩＡＳは、三〇年ほど前に世界の主要国の会計士団体が集まって作った国際会計基準委員会（ＩＡＳＣ《アイアスク》）：現在はInternational Accounting Standards Board 国際会計基準審議会（ＩＡＳＢ《アイアスビー》））という組織が公表している。日本の公認会計士協会も設立当時からのメンバーとして活動してきた。

ＩＡＳＢの目的は、各国でばらばらに設定されている会計基準を国際的に調和化するためにスタンダードな基準を公表し、世界に広めることであった。

ＩＡＳ（現ＩＦＲＳ）は、英語圏（英、米、カナダ）の会計基準をベースとして作成される傾向にあったが、それでもアメリカ基準ほど詳細な規定は設けていない。アメリカが詳細にわたってルール化する（こうした方式を rule−based accounting という）のに対し、ＩＡＳやイギリスなどの国々は、当該会計問題に関する基本的・原則的な考えを会計基準として明示し、細かなルールについては事例ごとに企業と会計士が相談して決める方式（これを、principle−based accounting という）を採用している。

日本は、どちらかといえば、あまり細かなルールを決めないという点では、イギリスなどが採用する principle−based accounting に近いといえるが、企業サイドも会計学も「書かれているルールだけを守ればよい」と考えるという意味では、アメリカの、rule−based accounting に近いといえる（ただし、最近では、アメリカのＳＥＣが、rule−based accounting から principle−based accounting へ、軸足を戻そうという提案をしている）。

ＩＡＳが基本的・原則的な考えを基準とする方式を採っていることから、アメリカの会計基準設定主体（財務会計基準審議会：ＦＡＳＢ《ファスビー》）はＩＡＳを国際基準として認知する姿勢を示すことはなかった。それを見たわが国は、アメリカが認知しないような基準であれば国際的に通用することはないと考えて、ＩＡＳを真剣に国内基準に取り込むことはしなかった。

アメリカの変心と日本の追随

　ところがその後、世界の主要国において証券取引等の監督業務を担当している役人たちの組織（証券監督者国際機構：ＩＯＳＣＯ《アイオスコ》）が、「多国籍企業が本国以外で行う資金調達の際に作成する財務諸表」の基準としてＩＡＳを認知する姿勢を示し始めたのである。

　ＩＯＳＣＯは、各国政府の証券監督官（わが国でいえば金融庁、アメリカなら証券取引委員会（ＳＥＣ《エスイーシー》）の役人）の集まりであるから、ここがＩＡＳを「国際的に通用する基準」として認めるとなると、アメリカ基準はアメリカの会社にしか適用されない「ローカル基準」になってしまう。今後日本を初めとする多くの国をベースとしている会社は、アメリカ基準ではなく、ＩＡＳに準拠して財務諸表を作るようになるであろう。

　そうでなくても、世界の資本市場は、アメリカ一辺倒から、ＥＵ市場との二極化が進行する気配が見えてきた。アメリカは、その動きに敏感に対応し、ＩＡＳを認知する姿勢を示したのである。

　あわてたのは日本である。それまで、アメリカが認知しないようなＩＡＳなら国際的に通用する基準となることもないとばかり高みの見物を決め込んでいた大蔵省（当時）は、あわててＩＡＳを国内基準に取り込むことに「変心」した。

日本企業の財務諸表は信用できない

絶妙のタイミングで、アメリカからは「日本の会計基準は国際的に通用しないので、会計改革を進めるように」といった圧力とともに、日本企業の英文財務諸表を監査した報告書の中に、「ここで開示されている財務諸表は、日本の基準で作成されたものであって、必ずしも国際的に有効なものではない」という警告文（レジェンド）がつけられるようになった。一九九九年のことである。

今から思えば、信用できないのはアメリカの財務諸表であった。しかし、当時は、日本だけが遅れているというシグナルばかりであった。

二〇〇〇年には、プラハで開かれたG7（Group of Seven：先進七カ国の蔵相・中央銀行総裁会議。国際マクロ経済政策を話し合う場）において、日本に対して異例の勧告がなされた。それは、日本企業の経営改革を推進することであった。暗に、日本の会計基準が国際化していないために企業経営の革新が遅れていることを指摘したのだといわれている。わが国における会計改革は、これを一つのキッカケとして始まった。当面の狙いは、会計基準の国際化である。次のステップは、会計士資格の国際的統一、つまり、英語による会計士試験である。

わが国における会計改革は、もう一つの国際化、つまり、金融市場を自由化し、もって外国の金融機関や企業が入ってきやすい環境を作るための仕組みでもあった。いわゆる金融ビッグバンを促進する仕組みとしての会計改革であったのである。

日本版金融ビッグバンの狙いと会計改革の役割

フェアで、フリーで、グローバルな市場を

橋本・元首相（在職 一九九六年一月―一九九八年七月まで九三三日）がわが国の金融改革を提唱したとき、サッチャー首相を真似て「金融ビッグバン」と命名した。ビッグバンとは、宇宙大爆発のことである。一九八六年にイギリスの証券取引所が証券制度の大改革を行ったが、この大改革を当時の首相であったサッチャーが「ビッグバン」と命名したことから、「大きなものごとの始まり」とか「大改革」の意味でも使われるようになった。

日本版金融ビッグバンは、「フェア（公正な市場）、フリー（自由な市場）、グローバル（国際的な広がりをもった市場）」をうたい文句にしている。日本の金融市場を、「フェアで、フリーで、グローバルな市場」にしようというのである。

会計ビッグバンの狙いは外資の進出

要するに、狙いは、アメリカ資本が日本に参入しやすくすることにある。これまでわが国では、銀行、証券、保険という金融業を営むには、旧大蔵省の認可が必要であった。大蔵省はごく少数の銀行等に認可を与え、行政指導や通達によって金融界をコントロールしてきた。そこでは、外資が入り込む余地はほとんどなかったのである。それを、各種の規制を緩和して、外資が参入しやすいようにしようというのである。

その金融ビッグバンの柱は二本あって、一つは「規制緩和」、もう一つは「自己責任の原則」であった。企業に対しては「規制緩和」を進めつつ、個々人には自分の選択や意思決定に対する「自己責任」を問うことができる経済社会を作り上げようというのである。国民がいかなる銀行・保険会社を選ぼうと、いかなる会社の株式に投資しようとも、その結果については、各自の責任とする社会にするのである。

ここで「規制緩和」とは、どういうことであろうか。ありきたりの説明では、「政府が関与し、民間の活動を阻害する要因（規制）を取り除くこと」であり、その目的は「民間の自由な経済活動を促進し、経済の活性化」を図ることにある（朝日新聞社『知恵蔵』二〇〇二年、五四三頁）。

なぜ、規制をしてきたのか。なぜ、規制を緩和しなければならないのか。

ありふれた説明かもしれないが、わが国は戦後、産業の保護・育成のために、いろいろな規制を実施してきた。

例えば、金融界では、銀行・証券・保険の三つの業種の間に壁を設け、さらに、損害保険と生命保険の間にも壁を設けて、銀行を営む企業には証券や保険を取り扱うことを規制し、証券会社は、銀行業や保険業を営めない、損害保険の会社は生命保険を販売できず、生保は損害保険の商品を取り扱うことができない、としてきた。

しかし、こうした規制は、日本の経済が脆弱《ぜいじゃく》であった時期には、それぞれの市場を育成・保全することに力があり有効に機能したとしても、経済の発展とともにその必要性が低下し、むしろいっそうの発展にとって阻害要因となってきた。わが国の規制や行政指導は、外国の資本にとって参入障壁《しょうへき》となっているという批判も強かった。

以前は、預金の利率はどこの銀行に預けても同じであったが、今では規制緩和によって金利や各種手数料が自由化されている。また、生命保険会社と損害保険会社は、生損保の兼業がそれまで禁止されていたのが、今は「子会社方式」といって、親会社が生命保険会社で子会社が損害保険会社、あるいは、親会社が損害保険を売り、子会社が生命保険を販売するのはかまわないことになった。

なぜ生命保険と損害保険の兼業が禁止されていたのか

生命保険は、四〇年とか五〇年とか非常に長い期間を保障するもので、しかも個人が対象である。もう一方の損害保険は、多くの場合、特定の取引や企業が対象で、普通は一年契約、大きな事故が起こった時には何十億円何兆円という巨額の損失が発生する。しかも、その発生は予測がつかない。

生命保険の場合は、一人当たりの契約額は大きくても五〇〇〇万円から一億円くらいであるから、一人亡くなってもそれほどの額ではない。しかも、津波や震災といった例外的な事故を除けば、死亡率はかなりの確度で予測できる。

生命保険と損害保険では、保険会社にとってのリスクがまったく違うのである。リスクの異なる保険を同じ会社がやるのは好ましくないということから日本では兼業を禁止してきたのである。それが規制緩和によって、いままでは、子会社方式であれば、生命保険と損害保険を兼業してもよいことになり、現在では、「ニッセイ同和損保」とか「第一ライフ損害保険」とか「東京海上あんしん生命保険」とか、生保と損保の会社が、それぞれ他の領域の保険子会社を作っている。

また、銀行、証券、保険という三つの金融の形態については、従来は、兼業することができなかった。それを、銀行が保険商品を扱ってもかまわないし、保険会社が証券取引をやってもかまわないというように、規制が緩和されてきた（一部はまだ実現していない）。

また、銀行業以外の異業種の企業でも銀行業務ができるようになり、銀行へ直接行かなくてもコンビニでお金をおろすこともできるようになった（例えばＩＹバンク）。そういう規制緩和の時代を開いたのが橋本内閣である。金融界の規制は大幅に緩和され、このように垣根がずいぶん低くなった。

規制を緩和すると別の公的介入が必要になる

以上は、巷にあふれる規制緩和論である。しかし、今、わが国で進行している規制緩和には、こうした、きれいな建前論とは少し違った、もう少しドロドロした、あるいは、きな臭い局面がありそうである。

姜尚中《カンサンジュン》教授と吉見俊哉教授は、規制緩和について、次のようにいう。

「規制緩和とは何か。平たく言えば、グローバル・キャピタリズムの市場原理に経済のルールを適応させることである。マジック・ワードとしての『グローバル・スタンダード』がそれを意味している。このスタンダードが実質的には『アメリカン・スタンダード』と等しいことは知っての通りだ。」（姜尚中・吉見俊哉、一九九九年、一四八頁）

確かに、戦後の日本経済は、「護送船団方式」とも呼ばれる規制・介入・保護のメカニズムによって、業種間や企業間の競争が排除され、大規模企業はゆとりのある経営を、中小は体力に合わせた経営ができた。

しかし、わが国の経済をリードしてきた大蔵官僚が、度重なる不祥事によって失権したことや、参入障壁に対する海外からの批判もあって、もはや護送船団方式は捨てざるをえない状況となった。

こうした事情から、金融界はじめ、運輸・通信・教育・航空など、多方面で規制が緩和されることとなった。とりわけ金融の規制緩和は、メリットだけではなく、デメリットもあるようで、姜教授らは、次のようにいう。


「(規制緩和が進むにつれて)今度は、短期資金の過剰な流動性が金融システムの安定を脅かすだけでなく、実体経済をも破綻の淵に追い込むことがわかるにつれて、国家の介入と規制の必要性がにわかに脚光をあびるようになる。

こうしてこの間われわれが目の当たりにしたのは、市場の自動的な調整力によって効率的かつ公正な資源配分と合理性が達成されるという事態ではなく、逆に規制を緩和すればするほど市場が不安定になり、場合によっては経済システムそのものが破綻しかねないということであった。したがって規制緩和と自由化は奇妙にもアドホックな公的介入を必要としているというパラドックスが進行しつつあるのである。」（姜・吉見、一九九九年、一四九頁）

そういわれてみると、りそな銀行、足利銀行、銀行の株式保有制限、銀行等保有株式取得機構、整理回収機構（ＲＣＣ）、厚生労働者の雇用促進事業など、いずれも、規制緩和と自由化を原因とするものであった。

なぜか会計だけは、規制が強化される

規制緩和の大合唱と大行進の中で、会計の規制だけはむしろ強化されてきた。「連結財務諸表」、「時価会計」、「退職給付会計」、「税効果会計」「減損会計」「企業結合会計」などといった新しい会計基準が続けざまに作られ、商法や証券取引法の会計規定も改正され、会計の規制は強化されるばかりである。会計の世界が大きな変化を起こしていることから、一部ではこれを「会計ビッグバン」とも呼んでいる。

なぜ、規制緩和の時代に、会計だけが規制を強化されるのであろうか。これを理解するには、もう一つの柱である「自己責任の原則」とはいったい何なのかを考えなければならない。

規制緩和と自己責任は矛盾する

自己責任の方は、こうである。自分が選んだ銀行や保険会社が破綻して預金や保障の一部を失うようなことになったとしても、各自が自分で選んだ銀行や保険会社であるから、その結果についても各自が責任を負わなければならない。

当たり前といえば当たり前のことかも知れないが、わが国では、これまで国（行政）が、金融機関を手厚く保護し、また、国民の預貯金についても、全額保護してきた。銀行が倒産しても、預金者が損失を被ることがなかった。それが、これからは、ペイオフが解禁され、預金者の自己責任を問うことになるのである。これが、金融ビッグバンである。

実は、規制緩和と自己責任という二つの柱は、対象が違う。規制を緩和されるのは企業のほうで、自己責任を求められるのは投資家とか消費者といった国民のほうである。企業には規制を緩和して自由を与えるのであるが、その企業にお金を預けたり、企業から製品を買ったり、企業に投資しようとする投資家や国民には、自己責任を求める。

こんな話は、どこか腑に落ちないのではないだろうか。少し、身近な例を挙げて、規制緩和と自己責任の話をする。こんな話を長々とするのは、現在の金融界・経済界の混乱やデフレ現象の一因、いや、けっこう大きな原因が、会計の制度改革（実質は、会計の制度改悪）にあるからである。

身近な例を使って、「金融ビッグバン」と「会計ビッグバン」がどのようなものであるかを説明する。

金融機関のことを思い出して頂きたい。従来は大蔵省や金融庁が金融機関を監督してきたが、現在は、金利は自由化され、金融商品は自由に開発できるようになった。銀行も自由に商売ができ、保険会社も自由に商品開発ができる。これが規制緩和である。

契約者あるいは預金者は、もし自分が預金した銀行が潰れたら、そんな銀行に預金した方が悪いと、自己責任だったのだからといわれ、また、保険会社と保険契約を結んだところその会社が潰れたとする。すると「あなたの責任です、そんな会社と保険契約したからです」といわれる。これが、橋本元首相がはじめた規制緩和と自己責任の世界である。

接着剤としてのディスクロージャーは機能するか

こんな話は、どう考えたところで両立する話ではないが、これを成立させる接着剤はただ一つしかない。それは、規制緩和と引き換えに、企業サイドの情報開示を強化することである。企業サイドには、商品について徹底してディスクローズすること、企業内容と経理の内容について徹底して開示すること、いわゆる、経営と会計の現状報告を徹底することによってしか、この話は両立させられない。

規制緩和された銀行が、当行は、現在のところはこういう資産構成で、こういう財政状態で、現在これだけの不良債権を抱えているということを全部正直に公開しているとしよう。それでもその銀行に預金したのなら預金者に自己責任を問うことが許されるであろう。

保険商品を契約するときに、その保険商品について十分な説明を受けて、リスクについて十分な説明を受けて、なおかつ、その会社の財政状態とか将来性とかを判断するのに必要な会計データが開示されているのであれば、万が一その保険会社が潰れて契約の一部が履行されなくなったとき、契約者に自己責任を問うことができるであろう。

つまり、ここでは、規制緩和と引き換えに、投資家や消費者・契約者の自己責任を問える環境を作る必要があり、企業情報・商品情報などのフル・ディスクロージャーとタイムリー・ディスクロージャーがその役目を担うものと期待されている。

会計ビックバンというのは、そういう意味で、橋本元首相がいっていた金融ビックバンの接着剤だったのである。わが国で行われている金融ビッグバンが成功するかどうかは、そうした意味では、「必要な情報が、適時に、徹底して公開されるかどうか」にかかっているといえる。

会計改革のための三つの条件

もしも、規制緩和と自己責任という、相反するコンセプトを両立させる接着剤として会計や会計ディスクロージャーを考えるとすると、少なくとも次の三つの条件が揃っていないと、金融ビックバンそのものが成り立たないであろう。

一つは、会計改革の内容である。わが国では、金融ビックバンの下で新しい会計基準が続々と作られてきた。その作られた会計基準が、企業の「ありのままの姿」を映すものでなければ、契約者や投資家は適切な判断を下せない。

例えば、銀行であれば不良債権の金額が公表されても、その後、金融庁の検査が入ったりするとその金額がずるずると増えている。そんなことが続けば銀行の本当の姿はわからないし、銀行が公表する数値も信頼できない。

連結会計や時価会計の基準を適用すれば日本の企業の実態が明らかになるのであればよいが、実態とかけ離れた像を描く基準であれば、その基準を使って企業内容をディスクローズしても投資家や契約者・消費者は誤った判断を下す危険が大きく、自己責任を問うことはできないであろう。

第二の点は、仮に、作られた基準が企業の実態を十分に開示するものになっているとして、その基準を経営者が守ろうとするかどうかである。立派な基準ができたとしても、それを経営者が順守するのでなければ基準は画餅に終わるし、当然に、投資家や契約者の自己責任を問うことはできない。

第三の問題は、経営者が行う会計報告（決算）の妥当性を担保するものは監査であるが、契約者なり投資家に自己責任を問えるような環境を日本の監査が作れるかどうかである。経営者が適切に情報を開示しているかどうかは個人の投資家や契約者には判断できない。投資家や契約者に代わってプロとして会計報告の妥当性を判断し、その内容を広く投資家・契約者に知らしめる必要がある。そうした環境を作れないのであれば、自己責任を問うこともできなくなる。

この三つの条件が揃って始めて、金融ビックバンの下での会計改革が成功して、金融ビックバンの接着剤になりうるのである。

以上の話は、いわば、平時の、つまり、経済が安定しているか好景気が持続しているときを前提にしている。昨今のように、景気が後退し、不況・デフレが進行していることを考えると、会計改革にはマクロ経済の視点からタイミングを図る必要がある。この、マクロ経済の視点とタイミングの問題については、第４章で取り上げる。

アメリカ基準はワクチンが投与済み？

では、わが国の場合、この三つの条件が揃った状態で会計改革が進められてきたのであろうか。最初の条件は、新しい会計基準が企業の「ありのままの姿を映し出すこと」であった。

多くの人が指摘することであるが、日本で導入している新しい基準は、ほとんどがアメリカ基準のコピーである。アメリカに新しい基準ができると、これはグローバル・スタンダードだ国際標準だという認識が広がり、また、アメリカで基準ができると、アメリカで使われているのだから既にワクチンが打たれていると考えてしまう。

つまり、アメリカで使ってテスト済みだから、日本に持ってきても風邪をうつすことはない、インフルエンザには罹らないという認識が広がり、気楽に、日本への影響などまったく検証もしないでアメリカ基準を持ってきているのではないであろうか。

しかし、後で詳しく述べるように、アメリカの基準は、アメリカの問題を解決するために作られた、「火消し基準」である。アメリカの基準をコピーしただけの日本基準で、日本の企業の実態というものを表せるのであろうか。

経営者は意識改革できるか

二番目の条件は、経営者の意識改革である。日本の経営者は「今日から会計改革ですから、これからは正直に会計報告しましょう」といわれて、果たして「会計革命か、じゃあ今日から正直にやらなきゃいけないな」と考えるかどうかである。

日本の経済界を見ていると、ここのところ、粉飾や利益操作をしたり、損失の飛ばしをしたり、消費者からのクレームを隠したり、賞味期限を書いたラベルを貼り替えたり、原産地をごまかして書いたり、補助金や助成金をだまし取ったり、あまり正直な経営や会計をしてこなかったのではないかと思われる。

金融庁が監督している銀行でさえ、決算情報を操作している。最近でも、ＵＦＪが黒字決算の業績予想を出した（四月二八日）一か月後に、一転して大幅な赤字の決算を公表（五月二四日）して問題となっている。

ある日突然、「金融ビッグバンですから、あなた方も、今日から正直になってください」といわれて、果たして、日本の経営者がそろって心を入れ替え、自分に都合のいいことも悪いことも正直に報告するようになるのであろうか。

もしも、これからも日本の企業が不正やら隠しごとを繰り返すようであれば、投資大衆あるいは国民は情報公開による保護を受けることができない。そうなると、投資家や消費者に「自己責任」を求めることができなくなる。企業の会計報告が厳正に行われない限り、今回の金融ビッグバンは、会計のところから崩れてしまう危険がある。

会計士は「ガン告知」できるか

三番目の条件は、監査が正常に機能することである。公認会計士や監査法人の仕事の中で最近注目されているのが、ゴーイング・コンサーン監査である。簡単にいうと、この会社がこの後一年やっていけるかどうかのチェックをして、この会社は一年以内に新しい資金が導入されるなどの手を打たないと重大な危機に直面するおそれが高いという危惧が生じてきた場合などには、会計士が危ない会社については危ないということを監査報告書に書くことになった。つまり、ビジネスリスク（企業が倒産するリスク）を表に出すことになった。

今まで日本の監査は、企業が倒産するリスクが潜在的に存在していても、それについては監査報告書に書かないという暗黙の了解があった（暗黙の了解であるから、どこかにそういうことが約束として書かれているわけではない）。

今後はゴーイング・コンサーン（継続企業）としてやっていくことに不安はないかどうかを監査し、破綻の可能性が高くなった会社については継続性に疑義があるということを監査報告書に記載して、投資家の注意を促すようになった。これを、私は「会社のガン告知」と呼んでいる。

ところが、人間のガン告知と違うのは、会社の場合はガン告知されても、すぐに健康体に戻ることもあることである。私達がガンになったら、明日治るということはない。医者から「あなたはガンです」と宣告されたとして、人間のガンの場合、いわれた時にすぐ何かの薬を飲んだらパッと治るということはない。

ところが企業は、どれだけ倒れそうになっていても、新しい資金を提供する人が現れたらいとも簡単に健康体を取り戻せる（政府が、弱った銀行に公的資金を注入しようとするのは、一つにはこうした事情による）。

そこで、会社側はそのことを会計士に盛んに訴えるのである。つまり、新しい資金が手に入るから大丈夫だ、年末までに必要な資金の手当てがつくから会社は大丈夫だと、盛んにいうのであるが、いったとおりに資金手当てがついたら会社は絶対破綻しない。

債務超過は名乗りでないとわからない

会社が破綻するのは二つのタイプ、二つの原因がある。一つは資金がショートすること。不渡手形を出すようなケースである。

日本の大企業は資金が途切れて潰れるということはまずない。グループ内の会社が資金の手当てをつけてくれて、なんとかなることが多い。

すでに保険会社が七社、金融機関が一七〇機関も破綻したが、いずれも資金がショートしたわけではない。保険会社は流動性の高い有価証券を大量に持っているし、しかも契約者から保険料という形で毎日金が入ってくるから、資金がショートすることはない。銀行も取り付け騒ぎが起きない限り同様である。

それでは、何が原因で潰れたかというと、債務超過である。債務超過というのは要するに、総資産よりも負債の方が大きいことで、会社の資産を全部その負債の返済に充てても返しきれない状態をいう。日本の銀行や大企業が倒産するのは、まず間違いなくこのタイプである。

ところで、資金が止まったのは外部の人間にもわかる。例えば、手形が落ちなかったとか、小切手を振り出しすぎて支払いができなかった場合には、銀行取引が停止されるので、外部からもはっきりわかる。

しかし、債務超過になったかどうかは、会社の外にいたのではわからない。会社に行っても普通に営業しているし、社員も給料をもらっているし、債務超過の会社かどうかは、外部の人間にはわからない。内部の人間でさえわからないこともある。

わかるのは会社の中にいるトップクラスの人間だけということもある。中にいる人間が仮の決算をやっていくと、年末までには債務超過になりそうだとか、もう債務超過になったということがわかる。

ふつうは、一年に二回しか決算をしないから、外部の人間は、一年に二回しか債務超過になったかどうかを知る機会がない。

「うちの会社はだめになりました」と経営者が手を挙げてくれないとわからないのである。外部からはわからないということは、経営者が手を挙げないと半年間でどれだけ腐るのかわからない。

会社は半年くらいで健康体が腐ってしまう、そこを公認会計士の監査で、できるだけ早目に、社会に警告を発したい。それが、ゴーイング・コンサーン監査である。

「ガン告知」の行く末

ところで、会計士・監査人が警告を発した後は、どうなるのであろうか。

あの会社が危ないということを監査人が示唆するとどうなるのかである。もしも、監査報告書に一言でも警告的なことを書いたら、証券市場はすぐにそれに反応して株価は大暴落する。おそらく株券は紙くずになる。取引先は納入した商品を引き上げてしまうであろうし、銀行は貸した金を少しでも引き上げる。他の取引先で売掛金のあるところは会社の倉庫にトラックを横付けにして在庫を空にするであろう。いわゆる「取り付け」が起きて、会社は一瞬にして空っぽになってしまう。

会計士が「この会社は、存続可能性に疑義がある」と一言書いた結果、その会社の財産が消えるだけではなくて、例えば、一万人の従業員がいた会社であれば、一万人の従業員が路頭に迷うわけである。従業員が一万人なら家族も含めると三万人か四万人、取引先もあるわけであるから、連鎖倒産を繰り返すと、すぐ一〇万人、二〇万人が職と収入を失い、路頭に迷う。

そういう事態を考えると、会計士にはかなり荷が重い仕事になる。ちょっとした資金が手に入れば会社は立ち直るにもかかわらず、自分が一言いうと会社は確実に破綻してしまう。これが果たして、会計士の責任でできるのだろうか、と悩むのである。

ゴーイング・コンサーン監査には、こうした重大な課題が残されている。

アメリカ基準が日本を追いつめる

以上述べたように、わが国の金融ビッグバンが成功するかどうかは、情報公開に対する経営者の意識改革と、公開される情報の妥当性と、そうした情報を検証する会計監査が正常に機能するかどうかにかかっているのではないかと思われる。

ところが、わが国が導入した数多くの会計基準は、大筋においてアメリカの基準を模倣したものにすぎず、かならずしも日本企業の実態を表しうるものではない。

なぜなら、アメリカの会計基準は、その多くが同国に発生した会計問題（不正な会計や不適切な経理）を解決するために設定された火消し基準か、そうでなければ同国の国益を護るためか、産業振興策として設定されたものだからである。

そうしたアメリカの政治的な背景を持った基準をわが国に導入しても、わが国企業の実態を正しく示すとは限らない。場合によっては、わが国の国益を害したり、特定の産業を破滅に追い込んだりすることもある。

そうであるとすると、そうした基準によってわが国の企業が作成した会計情報をもとに投資家が投資の決定をしたり契約者・消費者が銀行や金融商品等を選んだりすることになれば、誤った選択をしかねず、投資家や契約者に自己責任を問うことはできなくなる。

わが国の会計改革（会計ビッグバン）は、金融ビッグバンの一環として行われたが、あまりにも広範囲かつ急速なために、経営者も会計士も十分な学習の時間がとれなかった。とりわけ経営者は新しい基準の影響を最小限にするための対策に追われ、拙速な対応が目立っている。最初に、この話から紹介する。

会計改革が招いたカオス

会計改革が雇用破壊を生む

今回の会計改革に対して、企業サイドはいかなる対応をしたであろうか。多くの企業では、当然のことながら、会計改革がもたらす影響を可能な限り回避しようとする行動に出たといえる。

各企業は、連結利益を確保するために人件費に手をつけ雇用破壊（リストラ）と消費の低迷を招き、時価評価から逃れようとして所有株を急速に売却して証券市場を機能麻痺させ、退職給付債務の不積み立て分（「隠れ債務」と悪口をたたかれている）を解消するために雇用形態の変更（解雇・再雇用・出向）、退職給付協定の改訂（定額給付から定額拠出への変更）などを行い給付額の減額を行って経済を底冷えさせてきた。

最近になって、業界を代表するような企業で工場火災や事故が多発するようになったのも、新卒採用を見合わせ、高度の技術や知識をもつ熟年労働者をリストラした結果である。熟練工の技術が若年層に伝承されていないのだ。

銀行は自己資本比率を維持するために貸し渋り・貸しはがしを加速し、経済の活性化に必要な資金の流れを止めただけではなく、大量の保有株を売却して証券市場を麻痺させてしまっている。個々の企業は、本業で上げた収益で、七〇年代・八〇年代に借りまくった借金の返済を急いでいる。資産価格の下落で傷みきったバランスシートを修復しようというのである。個々の企業にとっては極めて正しい選択であるが、国中の企業が債務の最小化に走れば、景気はどんどん悪くなるという悪循環に陥る。リチャード・クー氏のいう、「バランスシート不況」である（リチャード・クー、二〇〇三年、第一章）。昨今のデフレ・不況は、こうした会計改革とそれに拙速に対応した企業の動きが引き金・アクセルとなったものである（詳しくは、田中　弘、二〇〇一年、第四章）。

読めなくなった財務諸表

会計改革が招いたカオス（大混乱）としては、もう一つ、会計からみて重要なことがある。それは、新しい基準群を基にして作成された財務諸表が読めなくなったということである（今までの財務諸表がミスリーディングではなかったというつもりはないが）。

例えば、新しい基準に従って作成される損益計算書では、企業の経営活動を反映した損益（本業の損益）と、市場の影響（有価証券評価損益や売却損益）と、基準の影響を回避するための損益（リストラや不採算部門の整理に関する損益）が合算され、どこまでがその企業の実力なのか判断できなくなっている。

まもなく、わが国にも「包括損益計算書」という黒船が入るといわれている。包括利益とは、実現した利益も、実現しそうな利益も、実現するかどうかわからない利益も、すべて利益に含めるものである。今年の利益も、来年の利益も、一〇年後の、二〇年後の利益も、現段階で、利益になりそうなものをすべて取り込むのが「包括利益」である。

そんなあてにならない利益を計上した損益計算書を見せられても、投資家には使い道がないのではなかろうか。それを使って投資意思決定を行う企業があったら、ぜひ、お目にかかりたい(こんなことを書くのは、実は、未実現利益はほとんど実現しているから利益として計上するのが正しいとか、包括利益は正しい企業業績を表している、などという経営者や経理担当者がいるからである)。

評価損がＲＯＥを高める不思議

また、長期の保有株式(持ち合い株)に評価損が出れば、それは資本の部から差し引かれるが、そうすると、評価損が出れば出るほど自己資本が小さくなり、ＲＯＥ(株主資本利益率)が上昇するといった、何とも説明のつかないことになる。

会計界がこれほど急進的に変化した結果、会計実務の世界だけではなく、教育の場も混乱を招いている。われわれ会計学者は、新しい基準の解説にとどまらず、こうした改革の状況と今後の動向について、教育の現場と経済社会に対して十分な説明をする義務がある。

ところが、多くの会計学者は現在の会計界の状況を、肯定的にであれ否定的にであれ、経済界や一般国民あるいは学生諸君が納得するように説明する責任を果たしていないのではないであろうか。

かくいう私も、今の会計改革をうまく説明することができない。悔しいが、学生諸君に限らず、経済界・政界・学界の皆さんに、今回の会計改革の目的・やり方・経済界への影響・税への影響・産業振興への影響、そして何よりも、マクロ経済への影響、公益・国益が守られているかどうか、といった問題を説明仕切れていない。いや、自己弁護になるかもしれないが、今回の会計改革を、トータルに、整合的に説明することができるとしたら、会計基準を設定している皆さんであろう。そういうことは、私の仕事ではなさそうである。

そんなことを考えながら、今回の会計改革から、われわれは何を学んだか、何を学ぶべきかを考えたい。

会計改革から学んだこと

日本だけが導入した時価会計

新しく導入された会計基準とわが国企業の実態とのミスマッチで、もっとも影響の大きいのが、時価会計の基準と減損会計の基準である。

日本は、時価会計基準が国際会計基準にもあることからこれが国際標準であるとして時価基準を導入した。しかし、この基準を国内基準に導入したのは、今のところ日本だけである。こんな事実さえ、わが国ではほとんど知られていない（詳しくは、田中　弘、二〇〇三年a、第七章を参照）。

報道などでは、世界中の国々でＩＡＳが採用されているかのようにいわれているが、実際に国際会計基準を採用しているのは、イスラエル、シンガポール、香港といった国だけで、経済大国はどこも採用していない。ＥＵなど採用を予定しているところはあるが、時価会計の基準を巡ってもめているし、ＥＵでＩＡＳを採用するのは連結決算においてだけである。個々の企業の決算は、今後ともＥＵ各国の法規制と会計基準に基づいて行われる。

そんなことは、当たり前である。連結財務諸表は、単に情報を開示するだけのものであるのに対して、個別の財務諸表は、株主に利益を分配（配当）するときの基礎データであり、また市場が企業を評価するときの基礎データでもある。株主も含めて投資家は、連結財務諸表を参考にしながら、個別の企業に投資するのである。いくら連結財務諸表の数値がよくても、連結財務諸表が対象とする企業には投資できない。企業集団の株は売っていないのだ。

われわれが目にするのは、時価会計も国際会計基準も世界の流れであり、今や世界中の国々が採用しているといった誤った情報ばかりである。どうして正しい情報が入ってこないのであろうか。日本は、会計に関する限り、情報鎖国の状態に陥ってしまっている。もちろん、会計学者の不勉強が情報鎖国を生んだともいえる。反省すべきは、われわれ会計学徒である。

「アメリカは進んでいる」という誤解

会計学に限らないことであろうが、わが国には、「アメリカが進んでいる」「アメリカは常に正しい」という誤解がはびこっている。会計基準に関していえば、時価会計の基準も減損会計の基準も、連結も退職給付の基準も、すべてアメリカで先に設定され、わが国がこれを真似て設定している点は否めない。アメリカが常に先を行き、しかも、基準は詳細かつ厳格である。アメリカの会計基準は、世界で一番進んでいるし、世界で一番厳格だということで、わが国では高い評価を得ている。

しかし、なぜ、アメリカの基準が世界に先駆けて設定され、なぜ、世界で一番厳格になるのであろうか。答えは簡単である。それは、アメリカで、世界に先駆けて不正な会計や金が絡んだ事件が発生するからである。基準の目をかいくぐった不正や会社の金を巡るトラブルがあとを絶たないために、新しい基準が必要になったり基準の強化が必要になったりする。アメリカの経営や会計が一番膿《う》んでいるからこそ厳しい基準を設定しなければならないのである。問題のない国では、厳しい基準どころか基準自体が要らない。

アメリカの不正は白人の不正

第1章で述べたように、アメリカの不正な会計は、ほぼ間違いなく、白人の犯罪である。経営のトップに上り詰めた白人経営者が、会計制度や基準を悪用して不正を働く。エンロンしかり、ワールドコムしかりである。多くの場合、会社は破綻して株主は大きな損害を被るが、白人経営者は巨額の富を手にしたまま、司法取引などという手を使って、刑務所行きを免れている。

多民族国家において一部の白人だけが巨額の富を手に入れる、しかも不正な手段で手に入れる、これを放置すれば、アメリカの経済どころか国家が成り立たない。収奪された経済的弱者や有色人種・マイノリティが騒ぎ出せば、政権が危うくなる。かくして、この国では、白人政府が、不正な会計に対して厳罰主義を採るのである。それが、会計基準の厳格さに現れている。

アメリカの基準は「火消し基準」

こうした背景から設定されるアメリカの会計基準には、「火消し基準」という特徴がある。アメリカの会計基準は、財務会計基準審議会（ＦＡＳＢ）が基準を決めるための概念的枠組み（コンセプチャル・フレームワーク）を構築し、そこから演繹的に誘導されて設定されるという一面を否定はしないが、他面において、発生した問題を解決するための「消火基準」という面も否定できない。

例えば、アメリカにおける時価会計の基準は、多数のＳ＆Ｌ（貯蓄信用組合）が原価会計を悪用して破綻したことから、Ｓ＆Ｌ対策として設定されたものであり、株に投資すると時価評価させるぞというおどしの基準であった（詳しくは、田中、二〇〇三年a、一六九－一七一頁、同、二〇〇二年、二六〇－二六二頁を参照）。減損会計基準は、すでに紹介したようにこの国で減損処理がV字回復を演出するために悪用されたことから、過度の減損処理をやめさせるために設定したものである。

いずれも、発生した問題を解決するための「火消し基準」であった。けっして、コンセプチャル・フレームワークから演繹的に導出されたものではない。

特に、時価会計の基準は、FASBとしては設定する予定のなかったもので、S&Lが多数破綻したことから、SECにせっつかれて、やむをえず設定したものである。この基準は、FASBのコンセプチャル・フレームワークとは関係がない。

今回の会計改革からわれわれが学んだことの第一は、われわれは、アメリカ会計について知らな過ぎたということではなかろうか。われわれの不勉強が情報鎖国を生んだのである。

なお、コンセプチャル・フレームワークについては、小著『原点復帰の会計学（第二版）』二〇〇二年、第一章において詳論したので、参照されたい。

改革するには準備を

会計改革から学んだ第二の点は、改革を行うには、事前の環境整備（変革への準備）が必要だということである。

右に述べたように、今回の会計改革では、基準の影響を回避しようという拙速な企業側の対応が目立った。しかし、各企業は、それぞれの置かれた環境から企業にとってベストと考える行動を取ったにすぎず、変革への準備期間を十分にとったり基準の変更による激変緩和措置などが講じられていれば、デフレや不況の引き金を引かずにすんだとも考えられる。

例えば、わが国では、企業集団の中に、不採算な子会社や研究所、保養所、社員寮、運動施設などを持っている。連結財務諸表を主たる財務諸表にすることになれば、こうした利益を生まない（むしろ、毎期、損失を補塡してやらなければならない――これをミルク補給というのだそうだ）事業は連結損益の計算上、足かせになる。

そこでわが国では、急速に子会社や研究所を整理・売却し、関係するスタッフの解雇に走った。景気が後退期であったこともあって、本社や工場のスタッフをもリストラの対象として、何とか連結利益を確保し、できるならば、V字回復を演出する、そのために、さらなるリストラを行うというパターンが一般化した。

時価会計は株式市場を破壊する

時価会計の基準に対しては、基準が公表された当時（平成一一年）、日本経済がデフレ基調になかったこともあって、「含み益を出す会計」という認識が一般的であった。しかし、その後、はっきりとデフレ基調になり、デフレの一因が時価会計にあるとか、時価会計がデフレを促進しているとかの議論が目立つようになってきた。

株価の下落はやまず、銀行や企業は、毎期のように時価会計による評価損の計上を余儀なくされる。九月の中間決算も三月の本決算も、株価次第では本業の儲け（営業利益）を吹き飛ばしかねない。そうなれば、銀行も企業も、思い切って巨額の損失（売却損）をだし、翌期にV字回復を演出した方が得策と考える。

かくして、時価会計基準が適用されるようになると、銀行・生保から事業会社まで、こぞって保有株を売却し始めたのである。わが国の株式市場が機能不全を起こしたとしても当然である。

こうした状況において、産業界やわれわれが学んだことは、会計基準が変われば経済や経営が激変するということである。

「会計基準＝ものさし」論

今回、例えば、時価会計凍結論とか、減損会計基準適用延期論という議論が出てきたときに、そうした動きへの批判として「会計基準イコール鏡」論とか「会計基準イコールものさし」論とでもいうべき主張をする人たちがいた。

会計基準は「ものさし」なのだから、「ものさし」を当てられたときに、「ものさし」で測られる方（企業）が変化するのはおかしい、基準ができたからといって産業界や個々の企業が「ものさしによって測られる姿」を変えようとするのはけしからん、というのである。

右に述べたように、時価会計の基準ができた途端、時価評価を逃れようとして、銀行は事業会社の株を売り、売られた事業会社が銀行株を売り返すという泥沼の状況を招いている。一部の論者は、新しい基準に対してそうした反応をするのはけしからんというのである。

しかし、会計基準は、本当に「鏡」や「ものさし」なのであろうか。

年齢が上の方であれば、健康診断を受けるときに、数日前から少しお酒を控えたりする。健康診断が、本当に、わが身の健康度を測る「ものさし」であるなら、正しいわが身を測定して欲しいのであれば、数日前からお酒を控えて検査結果だけをよくしようというのは邪道である。

個々の企業も、新しい基準ができると、自分の会社には良い影響をもたらしたい、もしも悪い影響がでるようなら、できるだけ影響を小さくしたいと考えるから、新しい基準をじっとして受け入れるのではなく、必ず何かの反応をするはずである。

そうした反応は、健康診断を受ける場合でも、実力テストを受ける場合でも同じである。実力テストの場合は、本当は、実力を測るのだからテストの前に勉強してはいけない。しかし、中学生も高校生も、来週、実力テストをするといわれると、一生懸命勉強する。勉強をするということは非常にいいことであるが、本当の力を測定するには、実は試験の前には勉強してはいけないのである――こうした話に、読者の皆さんは賛成されるであろうか。

会計基準は企業の実態を写す鏡であるとか、実態を測る「ものさし」だといわれても、わが身を写される方にしてみると、できるだけいい状態で写りたいと思うから、当然、新しい基準に対して行動を起こす。

「ものさし」論では、与えられた制服（基準）がブカブカでもピチピチでも、我慢してそれを着ていろ、というのと同じである。いったん与えられた制服（基準）を体型（実態）に合わせて仕立て直すなどはとんでもないことで、制服に合わせて体型を変えることも許されないのである。

会計基準「ものさし・鏡」論は、設定される基準が一〇〇％正しいということを前提としている上に、企業の向上心、改善志向、危機回避、リスク管理などを許さないのである。ものさしを当てられれば、誰でも、「ものさし」で測られるわが身をよくしようと努力する。鏡の前に立てば、髪の乱れを直し、ネクタイのゆがみを正し、口元を引き締めて、少しでも見栄えのするようにと、手を加えるであろう。会計基準「ものさし・鏡」論者は、そうした努力を「実態を測る邪魔になる」と否定するのである。

日本経済は今、デフレであえぎ、消費の低迷や雇用破壊でアップアップしている。まさに、荒海で溺れて死にかけている子供のようなものである。ものさし論者は、「日本経済は泳ぐ実力がないのだから、溺れるしかない」とでもいうのであろうか。しかし、その「泳げるかどうか」の判定基準（会計基準）が間違っていたら、もがきながらも何とか水面に顔を出している企業を、水中に押し込んで溺死させてしまうことになりかねない。今回の会計改革は、生き延びる力のある企業をも水面下に押し込んでしまっているのではなかろうか。

これに関連して、もう一つ、言わせていただきたい。一部のエコノミストが、しばしば、こんなことをいう。「利益を生まないような企業は、存続する価値がないし、そんな企業は社会の資源を無駄遣いしているだけであるから、さっさと市場から退出していただいたほうが、日本経済のためによい」、と。「不採算な企業が退場すれば、代わって、効率的な、収益力のある企業が市場に参加してくる」、と。

経済が日本国内だけで営まれているのであれば、こうした主張にも一分の理があるかもしれない。しかし、日本の赤字企業がすべて市場から退出したとすると、代わりに日本市場に入ってくるのは、中国を初めとする低賃金国の人たちであろう。たちまちにして日本市場は、彼らのものになる。財政基盤の弱い国内金融機関は潰すしかないといって市場から追い出せば、代わりにハゲタカみたいな外資が日本の市場を席巻するであろう。くだんのエコノミストたちは、そうした世界を望んでいるのであろうか。

会計基準はニュートラルではありえない

ルールの話に戻る。ルールというものは、何かをやめさせるためか、何かを始めるために設定される。

すでに述べたように、アメリカの時価会計基準は、中小の金融機関に原価会計の悪用を「やめさせるために」作った基準であるし、同じアメリカの減損会計基準は、経営が悪化したアメリカ企業がV字回復を演出するために減損処理を悪用したことから、そうした悪用を「やめさせるために」設定されたものである。

わが国の時価会計基準は時価評価を「始めるため」の、減損会計基準は減損処理を「始めるため」の基準である。

何かを始めたり、やめさせたりする基準を作れば、世の中にインパクトがあり、何かが変わるのは当たり前である。もしも、基準を作っても何も変わらないとすれば、そうした基準は設定する必要がなかったのである。

会計基準は、世の中に対してニュートラル、つまり、世の中にまったく影響を持たないものではありえない。何かを始めたり変えたりするために設定される以上、新たに設定される会計基準に対して、企業や産業界が反応するのは当たり前のことなのである。

自分をよりよく見て貰いたいのは、個人も会社も同じである。もちろん、「すっぴん」で出歩く自信のある女性もいるであろうし、基準をそのまま適用する会社もあろう。しかし、多くの場合、男も女も、実際よりもよく見て欲しいという願望があるし、会社もルールの許す範囲内で「良い会社」と見られるように努力する。ルールの許す範囲内での変化・対応であれば、非難できないのではないであろうか。

ただ、本論から少し外れるが、この場合の努力の内容が問題である。多くの企業では、連結財務諸表が主たる財務諸表になるということと時価会計が導入されるということから、連結利益を確保するために、連結損益がマイナスにならないようにするために、リストラに走った。連結財務諸表の資本を小さく、利益を大きくしてROE（株主資本利益率）を高めようとするのであるが、景気の後退期には、収益の増加や利益の増加は望めない。

勢い、費用の削減によって利益を確保しようとしたのであるが、各社が取った対策は、リストラという名の、従業員の解雇であった。しかも、わが国のリストラでは、再就職が難しい高齢者を率先して解雇した。

従業員の解雇だけでは利益を確保することが危ういと考えた経営者は、時価会計の影響を心配し、その影響を最小限に抑えることを考え、時価評価の対象となる有価証券を売却し始めたのである。こうした動きに加えて、「代行返上」による株式の大量売却があり、わが国の株式市場は大混乱に陥ったことは記憶に新しい（代行返上については、幸田真音氏の同名の作品を読むと、仕組みや問題の所在がよくわかる。幸田真音、二〇〇四年）。

ケインズのいう「合成《ごうせい》の誤謬《ごびゅう》」

ミクロとマクロという視点でいうと、今回の会計改革に対しては、ミクロの個別企業は、自己の存続・繁栄を賭けて、ベストな行動・選択をしたはずである。しかし、残念なことに、ミクロがベストを尽くせば尽くすほど、マクロである日本の経済・産業がだめになる。

経済学では、こうした現象を、ケインズの言葉を借りて「合成の誤謬（fallacy of composition）」というのだそうである。一部の経済（ミクロ、つまり個別企業）について見ると正しいことが、全体（マクロ、つまり国や地域あるいは世界経済）に適用すると負の効果を生むことをいうのだそうである。

そういわれてみると、連結決算に備えて遊休設備、海の家、山の家、社員寮、研究所などとその従業員を処分したり、時価会計に備えて、保有する有価証券を急いで売却したり、減損会計に備えて保有する不動産を叩き値で処分したり、退職給付会計に備えて、従業員をいったん解雇して退職金の要らない雇用形態で再雇用したり、日本企業は新しい会計基準への対策として、あらゆる手を打ってきた。ミクロ（個別企業）として当然の対応をしているのである。

しかし、この、ミクロの努力が、マクロ（国の経済）を疲弊させる。いずれの企業も、リストラをやり、経費の削減をやれば、いままでの取引先や競争相手もリストラをやり経費削減に走る。国中の企業がリストラをやり経費削減をすれば、失業者が世にあふれ、購買力を失い、経済全体が失速する。今の日本は、こうしたミクロ（企業）にとって最良の選択がマクロにとって最悪の危機を招いているのではないであろうか。

新しい基準を作るときは、理解、周知徹底、反論・批判、対応策・対策、いろいろなことをする時間が必要であろう。新しい基準やその適用指針などを作るときには、十分な時間をかけて、理解を求め、疑問に答え、時には原案を修正することも必要であろうし、基準を適用した場合の影響を測定して、時には、適用時期や激変緩和措置を考えることも必要である。いかに良いと考えられることでも、大きな変化を伴うことには、十分な時間と準備と、タイミングが必要なのである。

発言を封じる「公開期間」

タイミングということからすると、時価会計の基準や減損会計の基準は、これ以上なく最悪のタイミングといわざるをえない。

伊藤忠商事の丹羽宇一郎社長は、時価会計基準のタイミングの悪さについて、次のように述べている。減損会計基準についても、同じことがいえるであろう。

「デフレの時代は、株をはじめ金融商品の価格が下落するいっぽうです。ですからデフレの時期に時価会計制度を導入すると、企業業績は悪化の一途を辿ります。本業でいくら頑張っても、株の下落で足を引っ張られてしまうからです。……なぜわざわざデフレの時期に導入する必要があったのか、私にはまったく理解できません。まるで日本の企業を潰すために導入したのではないかとさえ思えるくらいタイミングの悪い決定でした。」（丹羽宇一郎、二〇〇二年、二一二頁）

昨年（二〇〇三年）の夏に、相次いで、二つの重要な公開草案が発表された。「固定資産の減損に係る会計基準の適用指針（案）」と、「企業結合に係る会計基準の設定に関する意見書（公開草案）」である。いずれも、公開されたのは、八月一日、公開期間は約一か月。前者は、本文がA四判で七七頁、企業会計原則の三倍ほどのボリュームであろうか。後者も、本文はA四判で三七頁、両方を合わせると、本書のサイズで二〇〇頁を超える分量である。

前者（減損）は、プライベート・セクターの企業会計基準委員会から公表され、後者は、金融庁企業会計審議会から公表されたものである。同じ日に、プライベート・セクターとパブリック・セクター（金融庁）から、しかも、意見を求める公開期間まで同じにした草案が公開されるというのもおかしな話である。

うがって考えると、二つの重要な草案を同時に、しかも、大学が夏休みに入る時期（この時期、多くの大学教員は、研究会やら合宿やら、海外での調査などで多忙である）、その後は、日本中が夏休み（お盆休み）を取るタイミングに合わせて、草案を公開し、それをたった一か月の間に読んで、コメントをよこせというのである。

要するに、会議も相談も研究会も開けないような時期と期間を選んで、重要な、反対意見の多い草案を二つも同時に公開し、きわめて短期間しか意見・コメントが出せないようにして、減損会計や企業結合の基準を強行突破しようというのである。最初から、質問を受け付けない、議論しないという姿勢だと批判されても当然である。事実、日本商工会議所と東京商工会議所からは、公開期間が短すぎるとして、次のようなクレームをつけられている。

「今回の『固定資産の減損に係る会計基準の適用指針（案）』は、重要な案件であるにも拘わらず、パブリックコメントの募集期間が僅か一ヶ月であったため、指針（案）を十分に検討する時間がなかったことは、大きな問題である。各方面に重大な影響を与える指針（案）であるからには公開期間を最低三ヶ月とすべきである。」（固定資産の減損会計に関する要望、二〇〇三年九月三日）

時価会計基準——マクロ経済への影響は考慮しない

時価会計の基準は、当時の大蔵省企業会計審議会で作った。そのとき、日本の事情をどう考えたのであろうか。とりわけ影響が大きいのは、持ち合い株の扱いであった。

時価会計の基準が設定された当時は、日本はインフレ基調であった。株式市場もずいぶん悪化したとはいえ、企業にはまだまだ多額の含み益があった。では、その当時、日本の企業全体でいくらの有価証券含み益があるのかということになると、実は調べていないのである。

聞くところによると、企業会計審議会が時価会計基準を審議したとき、資料として審議会に出されたのは、日立製作所のデータだけであったという。なぜ、日立製作所なのかという疑問もあるかと思うが、審議会の重要なメンバーとして、日立製作所の逆瀬氏が参加していたからではなかろうか。委員の一人は、公の席で、「時価会計がマクロ経済に及ぼす影響については考慮していない」と発言している。

日立製作所一社のデータだけで、時価会計の影響を推計したわけではないであろうが、要するに、時価会計の基準を作ったら、日本の企業にいかなる影響があるか、日本の経済界がどうなるか、といったことはまったく調査も考慮もせずに、あの、コピー版時価会計基準を設定したのである。

基準ができてから随分経ってから、当時の委員の一人が述懐していう。「審議会では持ち合い株まで時価評価することは、ほとんど審議していない。終わりの方で急にそうした案がでてきて、ろくな審議もせずに持ち合い株の時価評価が決まってしまった」と。

時価基準を設定した当時の審議会の責任者は、時価論者であった。その時価論者の先生が、後で反省して「時価会計基準はやりすぎだった」と言っていると聞く。私にそう言ったわけではない。取材した記者にそういった所感を述べたそうである。「やりすぎ」というのは、日本の企業には不適切なところがあった」ということであろうか。そう考えるのであれば、もっと声を公に、もっと声を大きくして欲しいと思う。責任者だったのだから。

減損処理の前に税制改革を

次は、減損会計基準である。減損処理については、第4章で詳しく述べるので、ここでは簡単に問題点を指摘するにとどめる。

減損会計の基準を適用したときに、それぞれの企業にどれだけの影響があるのか、日本中では、どれだけの減損額が計上され、日本経済や不動産市場にどれだけの影響が出るのか、そうしたフィールド・ワークをしっかりやっているのであろうか。

新しい基準が、産業界や個々の企業決算にいかなる影響を与えるのか、悪い結果が出ると予想される場合に、企業はいかなる激変回避策を取り、それが経済にいかなる影響を及ぼすのか、こうしたことが先にリサーチされていなければ、時価会計の基準と同様に、デフレと不況を加速しかねない。

金額的には、金融商品の時価評価による損失計上よりも減損会計による損失計上の方が、けた外れに大きい。一説には、不動産業界で四〇兆円、製造業で四〇兆円の減損損失が出るという（読売新聞、二〇〇三年三月一七日、「有事下の経済危機――六つの提言⑤」）。金融業、サービス業などを含めると、一〇〇兆円規模になるという推定もある。

それだけ大きな影響がでるとなれば、債務超過になる企業、破綻する企業、巨額の当期損失を計上する企業が続出し、そうした企業に不動産を担保として融資している銀行に新たな不良債権が生じ、日本経済の屋台骨を揺るがすことになりかねない。影響を一度に出させずに緩和するような施策、あるいは、日本の経済が減損処理に耐えるだけの体力を回復してから適用するなどの工夫があってしかるべきだと思う。

わが国で減損会計を始めるには、どうしても先にやっておかなければならないことがある。それは、法人税法の改正である。法人税法では、原則として、資産の評価差損を「損金」に算入することを認めない。現行の法人税法で評価損を損金に算入することを認めるのは、投資有価証券に適用される強制評価減の損失だけである。あとは、商法の決算において減損処理したとしても、税務計算上は、減損損失を損金とは認めない。

商法上は減損損失を計上して赤字決算になったとしても、減損損失を差し引く前の利益には課税される。当期損失を計上しながら巨額の税金を払うくらいなら、その不動産を売却して、損失を「実現」させてしまった方がよいということになるであろう。売却損なら、税法も実現損失として損金への算入を認めてくれる。

税への影響は考慮の外

しかし、多くの企業が減損処理の対象となりそうな物件を売却しようとしても、なかなか買い手は見つからないであろう。買い手が見つからないと不動産価格はさらに下落する。不動産市場は機能不全に陥ることは目に見えている。

こうした事態を避けるためには、少なくとも減損処理額を損金に算入することを認めるような税法の改正が必要である。いわゆる外堀を埋めてから本丸に攻め入るというのであろうか、何か新しいことを始めるには、そういう環境整備を先にしておくとか、日本国内の事情を十分に考慮する必要があると思うのである。

しかし、今回の「減損会計適用指針」を書いた委員の一人がいうには、適用指針の策定に当たっては税への影響はまったく考慮しなかったとのことである。しかし、このまま減損会計が行われれば、不動産市場が崩壊するだけにとどまらず、大幅な税収減となって、国家の運営が危ぶまれるのである。

その点では、減損会計の適用指針案と同時に公表された企業結合の会計基準は、持分プーリング法がアメリカで認められなくなり、国際的にも認められなくなるという動きの中で、日本に持分プーリング法の適用余地を残したということで、日本の企業結合の事情を考慮したものになっている。他の基準を作るときにも、そうした配慮が必要なのではないかと思うのである。

グローカルな会計へ

会計改革で学ぶべき第三の点は、グローカリゼーションである。確かに国際会計基準には、ブルドーザーのごとく世界の会計を席巻する可能性を秘めている。しかし、誰もがよいと認めるテクノロジーでも、実際に世界中の信任を得るとは限らない。マルクス経済学しかり、近代経済学しかり、コモン・ローしかり、大陸法しかり、キリスト教しかり、ウインドウズしかり、クラシック音楽しかり、メートル法しかり、アルコール・タバコしかり、である。いちいちは書かないが、どれをとっても世界制覇できたわけではない。世界を一色に染めたテクノロジーも思想もないのである。

ハンチントンの『文明の衝突』(集英社)を引き合いに出すまでもなく、会計は、一方でブルドーザー効果を持ちながらも、他方で、非常に強い文化的特性をもっている。その国の国民性とか、宗教観、企業に対するロイヤリティ、利益観や資本観、さらには、国益・公益、産業振興、税への影響、国の財政への影響などを無視して会計基準を作ることはできない。そうであるとすると、これからの会計基準は、単なるグローバルでもなければローカルでもない、グローカルな視点に立つ会計を目指すことになるであろう。

その点では、いずれアメリカの会計もヨーロッパの会計も、アジアの会計も、グローカルな会計を目指すことになると考えられる。このことに関しては別のところ(田中、二〇〇一年、第一章)で詳論したので、ここではこれ以上のことは書かない。

「会計的に正しい」という迷妄

ブッシュ政権が考える「政治的に正しい」こと

唐突ではあるが、アメリカにはびこる「ポリティカリー・コレクト（politically correct）――政治的に正しい」という原則論をご存知であろうか。標題の件に入る前にこの話をしておきたい。

矢部武氏によると、アメリカ国内には、キリスト教右翼（過激派）が強い政治力を持ち、共和党やブッシュ政権の支持基盤ともいわれている（矢部 武、二〇〇三年、第四章。以下、この件については矢部氏の記すところによる）。彼らが主張するキリスト教右翼原理主義によれば、「妊娠中絶は神の意志に反する」「中絶は殺人である」ということになる。アメリカ人の約半数は、「中絶は殺人だ」と信じているという。

そうした原則論をもとに、過激派は、中絶をする産婦人科クリニックを襲撃し、医師やスタッフを殺してしまう。彼らにとって、そうすることが「聖書の教え」であり、「宗教的に正しい」行為なのだというのである。

これとよく似た話であるが、アメリカ人がヒステリックなまでに原則論にこだわって、その結果、問題の本質を見失っている現象に、「ポリティカリー・コレクト」つまり「政治的に正しい」ことをしようという運動がある。その最たるものはブッシュ・アメリカのアフガニスタン攻撃でありイラク攻撃である。

ブッシュが考える「政治的に正しい」ことは、オサマ・ビンラディンやサダム・フセインが考える「政治的に正しい」こととはまったく逆である。にもかかわらず、一方的に自分の正義を押しつけるのが、アメリカの「ポリティカリー・コレクト」なのである。これがいまアメリカでは、「言論の自由を封殺するような勢力」（矢部、二〇〇三年、一三〇頁）となってしまっているという。

英米会計の輸入

会計とは関係のなさそうな話を長々と書いたが、わが国の会計界も、ここに紹介したヒステリックな原則論と同じような誤りを犯してきたのではないであろうか。この話をするためには、戦後の、昭和二四年（企業会計原則が公表された年）あたりから昭和三八年（企業会計原則の考え方が商法に取り入れられた年）あたりにおける会計学の役割から説き起こす必要がある。

戦争によって崩壊したわが国の経済を再建するには、アメリカなどの諸外国から資本を導入する必要があった。しかし、そのためには、わが国の経済体制を近代化（英米化）しなければならない。とりわけ、企業経営を合理化し、公平な課税を実現し、証券市場を拡充して、幅広い国民が安心して証券投資することができるようにする必要があった。

戦前は、わが国の企業金融が間接金融に偏っていて、企業が必要とする資金を、もっぱら銀行や保険会社が提供していた。これを、英米のような、株式発行を中心とした直接金融に変えることが狙いであった。そうすることによって、外国の投資家も日本の投資家も、安心して日本の企業に株式投資できるようになると期待されたのである。

直接金融の世界では、各企業は、健全な会計ルールに従って経理を行い、その結果を、広く投資大衆に公開する必要がある。そのとき、いくら大声で、「わが社は、健全な経理を行っている」と叫んでも誰も信用しない。そこで、健全な会計ルールとは何かを明らかにし、さらに、そのルールに従った経理を行っているかどうかを、外部の専門家によって証明（公認会計士による監査）してもらう必要がある。

直接金融を効率的に進めるためには、何を措《お》いても、近代的な会計制度を確立することが先であった。しかし、当時のわが国には、健全な会計ルールといえるものも、外部の専門家による監査の制度もなかった。課税を公平に行うためにも、企業の所得を適切に把握しなければならないし、企業経営を合理化するためにも、原価計算制度などを産業界全体に浸透させる必要があった。

あらゆる場面で、近代（英米）会計の考え方とテクニックを必要としていたのである。

昭和二四年（一九四九年）に中間報告として公表された企業会計原則は、こうした近代的な産業と金融の世界を実現するための「科学的基礎」（企業会計原則、昭和二四年、前文）とするために、英米会計の「輸入」を最優先して設定されたものであった。

会計学原理主義

こうした背景を持ったことから、この当時、誕生したばかりの日本会計学は、灼熱のごとくに燃えさかった。誇張していうと、法律学者が何といおうが、経済学者が何といおうが、英米会計の制度と基準を輸入することが最優先されたのである。会計制度の近代化と企業会計原則の設定は、国家的な大事業であったのである。

この時代に会計学は、法律学も、経済学も、経営学も、僕《しもべ》のごとく従えて、戦後日本経済を立て直す「救世主」かのごとく振る舞ったのである。このとき、会計学者の頭の中に、「会計的に正しいことはすべてに優先される」といった「会計学原理主義」が植え付けられてしまったのではないであろうか(1)。

しかし、「会計的に正しい」とされることが、会計以外の世界で「正しい」と認められるかどうかは疑問である。少し考えてみると、現在の会計理論や会計実務の中に、会計以外の人たちを納得させることが難しいことをいくらでも発見できる。

例えば、通説による真実性の原則の解釈は、法律論からみるととんでもない誤解であるし、継続性の原則は会計が拠って立つ原則どころか会計のアキレス腱でしかない。利益は「発生」するというのも誤解であり、会計に利害調整機能があるということも、誤解である。

こうした誤解については、すでに別のところで述べた。小著『原点復帰の会計学』と『会計学の座標軸』（ともに、税務経理協会刊）は、会計の世界で常識とされている実務や思考の中にある誤解をあぶりだそうということを狙いとして書いたものである。その中で、ここで取り上げている真実性、継続性、利益の「発生」、利害調整機能などについて、再検討を加えているので参照されたい。

「実質優先主義」の不思議

「会計的に正しい」ことが、会計以外の領域から見ると正しくないことは数え切れないほどある。いくつか例を上げる。

会計の世界では、しばしば、法の形式よりも、経済的実質を優先させて会計処理・報告をすべしということが謳《うた》われる。「実質優先主義（substance over form）」である。法は、しばしば、形式を重んじるために、取引や事実の実質よりも外形を重視した規定を設けることがあるが、会計では、そうした法の形式よりも、取引や事実の経済的実質を重視するというのである。

なるほど、会計とはそういう考えをするものか、と思わせる言葉ではあるが、では、経済的実質を報告することを理由に、法を破ることが許されるのであろうか。

例えば、ある取引が、経済的に見ると資産の売買（または資金の貸し借り）であるが、法的には所有権が移転しないために、資産の売買ではなく、資産の貸借とされるとしよう。リース取引はしばしばこうした形を取る。このとき、法に従えば、この取引は、資産の売買ではなく、資産の貸借として処理される。それを、経済的実質を重んじるからといって、法律の規定を無視して、資産の売買として会計処理することが、どうして許されるのであろうか。

また、商法では、「のれん（営業権）」を取得したときは、五年以内の毎決算期に均等額以上を償却することを要求している。しかし、取得したのれんの実体が「ブランド」や「知名度」であったり「立地」であったり、「特殊な製法」であったりすれば、多くの場合、五年かそこらで価値がゼロになることはない。こうした場合、のれんを、法律に従って五年以内に償却するのではなく、実質優先主義を適用して「償却しない」という選択はできるのであろうか。これは商法違反にはならないのであろうか。

英語圏諸国の離脱規定

英語圏の諸国では、コモンロー的な考え方が根幹にある。コモンローの世界では、成文化される会社法や会計基準をすべて守っても、企業の公正・適正なる経営成績や財務状態を示すことにはならないこともあると考えられている。

そこで、企業が財務諸表を作成するにあたって、法や基準に従うことが「真実・公正」なる財務諸表を作成する妨げになるような場合には、法や基準の個々の規定から離脱して、最適な処理・報告をすることが求められている。これが「離脱規定」と呼ばれる。離脱規定は、例えばイギリスでは、会社法にもあるし会計基準にもある（離脱規定の詳しいことは、田中弘、一九九三年、第六章、および、二〇〇一年、第一一章を参照）。IASにも離脱規定がある。

実質優先主義は、substance over form という表現ながら、accounting rule over law、つまり、「会計的に正しい」ことは「法的に正しい」ことに優先させる原則である。わが国のように離脱規定がない国で、この実質優先主義を適用すれば、間違いなく法令（または会計基準）違反になる。それでも、「会計的に正しい」というのであろうか。

会計が「正しい」と主張することが、他の領域からみると「正しくない」ことはいくらでも見つけられる。

わが国の時価会計基準では「売買目的有価証券の含み益を利益に計上すること」を「正しい」

としているが、商法は、こうした含み益を「法的に正しい」とは見ず、配当利益に算入することを禁止している。

会計では、減損会計基準による減損損失を当期の損失（特別損失）に計上するが、法人税法は減損損失の損金算入を認めない。税法は、原則として、資産の評価損を損金に算入することを認めない。「会計的に正しい」こと（減損損失）が、「税法的には正しくない」とされるのである。

では、どちらが正しいのであろうか。わたしがいいたいのは、「正しい」という判断は、一つではないということである。「会計的に正しい」というのは、ものごとを見る一つの視点でしかないのである。われわれ会計に携わる者は、そこを大きく誤解してきたのではないであろうか。

ある視点から正しいと主張されることであっても、納得しかねることは枚挙にいとまがない。アメリカでは誰でも「銃を所持」できるが、それは「政治的に正しい」からであるとか、「米軍がイラクを攻撃するのは、国際政治からみて正しい」からだという。そういう「正しさ」の下にベトナムが攻撃され、アフガニスタンやイラクがアメリカの軍事力で弾圧される。ある視点から「正しい」と主張することがどれだけ馬鹿げているかがよくわかる。

「禁酒・禁煙は医学的に正しい」（medically correct）のだからタバコも酒も売ったり買ったりしてはいけないとか、「子供を産む気がないのにセックスするのは、宗教的に正しくない」「神を冒瀆する、神の教えに背くものだ」、このようにいわれたとき、果たして皆さんは納得するであろうか。

会計制度と会計基準のあり方

最後に、会計と政治の話を書く。今回の会計改革は、しばしば政治の世界に引き出された。私も、時価会計をやめさせるために、自民党本部に乗り込んで、持論を展開してきた。そのときの発言が「けしからん」といって、学会の席で金融庁の役人からおしかりも受けた。

「会計の世界に政治が口を挟むのはけしからん」、という議論がある。それは、平時においては常識であろう。ミクロ（企業の経済・経営）の成果を積み重ねた結果、マクロ（国の経済）が栄えるのであれば、国も政治家も、私企業の経営や会計基準に口を挟むのは慎むべきである。

しかし、最近の状況を見ると、企業は保身のためにリストラに走り、時価会計を逃れようとして大急ぎで所有株を売却し、雇用破壊、消費と経済の低迷、さらに株式市場の崩壊を招いている。今は、ミクロ（企業や銀行）が自分にとってよかれと考えたことを実行すればするほど、マクロ（国の経済）が成り立たなくなる。

こうした時にこそ、ミクロ経済の会計制度・会計基準を充実させるにとどまらず、国益・公共の利益・産業振興などの視点から、会計制度と会計基準のあり方を考える必要がある。

今、会計は、すぐれて政治性を帯びてきている。どこの国でも、会計は国家戦略の武器である。国を興すも産業を振興するも、街角の商店を潰すのも、大手上場会社を破綻に追い込むのも、会計である。会計を学ぶ者、会計を教える者、会計に携わる者すべては、このことを十分に理解し、自ら手にした会計という道具が、国益・公益に資しているか、産業を破滅に追いやっていないかを熟慮することが必要である。

日本の会計は、今、「どぶ沼」に、はまっているのである。本章では会計改革の悪い面だけを強調した嫌いがあるが、あえていえば、このデフレや不況は、会計の失敗が招いたところを否定できないし、そうであれば、このデフレも不況も、「人災」である。われわれ会計を学ぶ者は、このデフレ・不況に、もっともっと責任を感じるべきである。

注

(1) その後、日本会計学が、理論的にもさしたる進歩をみせず、さりとて実務界をリードする力もなく、学問的には最も重要な「会計思想」とか「会計観」といったものを喪ってしまったことについては、田中、二〇〇一年、「読者へのメッセージ」を参照。

補　論――円卓討論にて

本章は、二〇〇三年九月に、近畿大学で開催された日本会計研究学会第六二回大会における統一論題「岐路に立つ会計制度とその改革を巡る諸問題」で報告したものをベースとしている。報告の翌日、友杉芳正教授を座長として円卓討論が行われた。その速記録（友杉芳正他、二〇〇四年）を読み返してみると、いくつか本章に盛り込んだほうがよいと思われる発言をしている。

本文中に盛り込むことも考えたが、討論には討論の勢いというものがあって、発言のままのほうがその場の雰囲気をよく伝えるので、以下、わたしの発言部分を採録する。ただし、発言の前後関係がわからなければ、何を議論しての発言なのかわかりにくいので、若干の補正と補足をしてある。またその席では十分に話しができなかった点についても加筆した。

報告の要旨とその補足説明を求められて

会計と私的自治

昨日の報告では、いただいた時間を七分も超過して四二分もしゃべったので、もう追加して話すことは特にないのですが、ただ、最後のところで少し走りすぎて、二つのことを言い忘れたかなと思います。

一つは、会計と政治の話です。会計はもともと私企業の決算ですから、本来でしたら、公権力、つまり国や法が介入してくる必要はないわけです。ここの会場にいる皆さんがお金を出し合って会社を作り、その会社が何らかの営業をして利益が出たとします。その利益をどのように山分けするのかは、この会場に集まっている株主の皆さんが自由に決めればよいことであって、そこに商法などといった法が介入してくる必要はまったくないはずです。

年齢が上の者に多くの利益を分配し、若い株主には少ししか利益を分配しないというのもいいですし、歳が若い人たちのほうがお金を必要としているから若い人に多く分配すると決めてもかまいません。株主の皆さんが拠出した資本から配当（蛸配当）することにしても、いっこうに問題ではありません。

これが私企業の私的自治であり、私企業の会計です。私的自治などというと難しそうですが、個人の私法関係を各人の意思のままに規律することで、近代私法の基本原理とされる考え方です。

こうした私企業の私的自治、私企業の会計が積み重なっていって、国が、あるいは、産業が栄えるのであれば、特別に問題はないわけです。いえ、むしろ、そうした世界が望ましいといえると思います。ですから、そういう社会においては、公権力、例えば、法や政治が介入してくる必要はないと思います。

ところが、私企業とはいえ、出資者―株主だけが利害を持っているわけではありません。この会場にいる皆さん以外にも、取引先であるとか社債を買って貰った人たちとか、お金を借りた銀行や生保など、出資した人たち以外にも利害を持つ人たちがでてきますと、「私的自治ですから、皆さんのご自由に」というわけにはいかなくなってきます。私的自治の世界の会計から、社会性を帯びた会計に変わってきます。

今回の会計ビッグバンでは、時価会計基準や連結会計基準、退職給付会計基準、さらには減損会計基準などによって、日本の産業界はかなり大きな打撃を受けます。人によっては、「打撃を受けるということはない、ただ、事実が表に出るだけだ」といいますが、今回の会計ビッグバンは、企業の実態、あるいは、企業の強み弱みが明るみに出るだけではすまないところがあります。

企業でなくても、個々人でもそうですが、「自分にとって都合のいいこと」がディスクローズされる場合には、何度でも、強調してでも、開示して欲しいでしょう。しかし、「自分に不都合なこと」は、できたらディスクローズして欲しくない、どうしてもディスクローズしなければならないときには、可能ならば、目立たないように、一回限りにして欲しいと思うのではないでしょうか。

シマウマの「安全学」

ミクロとしての個々の企業は、今、自社にとってベストと考えられることをやっています。どこの会社も最善の努力をして企業を守ろうとしています。リストラといっても、自分の会社と従業員を守らなければならないための策ということでは、最善の努力をしているわけです。銀行にしろ、事業会社にしろ、有価証券の売却を急いでいるのは、あくまでも自分の会社にとってベストな選択だと考えてのことです。

企業がその存続のためにリストラするというのは、どこか矛盾しているようにも思えますが、村上陽一郎教授の『安全学』という本の中で紹介されているシマウマの保身術を読むと、納得がいきます。

この話は、小著『会計学の座標軸』でも紹介しましたが、ライオンに追われたシマウマの集団は、その集団の中で最も弱い個体をわざと逃げ遅れさせ、ライオンのエサとすることによって、集団の「安全」を図っている、というのです（村上陽一郎、一九九八年、一九九頁）。

余計な話ですが、シマウマは、集団の安全のために、誰を犠牲にしたかというと、おそらくは生まれたばかりの子供、動きが鈍くなってきた高齢のもの、出産を控えた雌馬、つまり弱者です。シマウマの場合は、弱者はライオンに喰われて一生を終えるわけですが、人間の場合は、リストラされても生きていかなければなりません。家族もいます。

個人的な話をしますが、私は、昨年も今年も、神奈川県からの依頼で、失業者の再就職をサポートするための講座を担当しています。三か月の間に、会計実務・パソコン会計・経営分析・財務などを学修してもらって、社会に復帰を促すプログラムです。ここで分かったことは、いえ、それ以前から予想されていましたが、リストラに遭うのは、簡単に再就職できたり、再教育を受けても吸収が速い若年層ではなく、再就職には年齢制限があったり、パソコンが扱えなかったり、講義内容の修得に時間がかかる高齢者だということです。

アメリカのレイオフ（不景気などによる操業短縮のために従業員を一時的に解雇すること）は、再就職が容易な若年層を対象にしているそうです。ところが、日本では、リストラ（解雇）の対象は、決まって高齢者です。何故でしょうか。それは、高齢者の給与が高く、高齢者を一人解雇すれば、三人や四人の新人を採用できるからです。上場会社の場合、大卒の初任給は、一七万円から二〇万円です。ボーナスを、夏冬合わせて五か月としますと、年間で三〇〇万円弱から三四〇万円です。五〇歳を過ぎた従業員は、その三倍から四倍の給料を貰っているでしょう。高齢者を一人解雇すれば、大卒新人を三人か四人、採用できるのです。

問題が、少なくとも二つはあると思います。一つは、そんなことを繰り返していたら、日本の企業はシロウトばかりになり、経験の蓄積を失ってしまうのではないかということです。昨日も話しましたが、最近、大企業で工場の事故や火災などのトラブルが多発しています。これも熟練工や熟年層をリストラしてしまったからだといわれています。

「合成の誤謬」

もう一つは、リストラに遭った人たちが、高齢のために、再就職の道がきわめて狭くなっていることです。ミクロ（個々の企業）の世界ではリストラ・解雇がベストの選択とされ、マクロの世界では再雇用がベストの選択とされるのです。ミクロがベストを尽くせば尽くすほど、マクロがダメになるのです。ケインズのいう「合成の誤謬」に文字通り直面しているのが、今日の日本経済です。

私が言いたいことは、ミクロの努力が積もり積もって結果が良くなるのであれば、そのときには政治も官僚も介入してくる必要はない、ということです。しかし、そうではなくて、ミクロの、個々の企業がベストの選択をすればするほど産業界がダメになり、マクロとしての、国全体としての経済が成り立たないという状況のときには、ミクロである個別企業がいくらいいことをやってもだめなわけですから、ここではやはり政治なり官僚の介入、あるいは、政治的な判断が必要になってくるのではないかと思います。

企業会計原則と新会計基準の関係について意見を求められて

(埼玉大学の岩辺晃三教授からの質問に答えて)

(岩辺教授の質問の概要)

「企業会計原則の存在をどのようにお考えでしょうか。廃止させるのか、新基準群との併存を容認するのか。現存の企業会計原則の位置づけを、新会計基準との関わりでどのように考えるべきか、ご見解を伺いたい。」

「収益・費用アプローチ」対「資産・負債アプローチ」

アメリカやイギリスの会計基準を見ていますと、既存の会計基準と同じテーマで新しい基準、つまり、改訂版の基準ですが、これができますと、新旧二つの基準の相違を示した対照表が作成されます。この対照表には、旧基準のどこが生き残り、どこが改正されたのか、前のこの部分は依然として有効であるが、この部分は削除された、ということが明確に示されています。

ところが、日本の会計基準にはそういうことはめったに書かれていません。書かれてはいませんが、適用ということになれば、新しい基準が優先的に適用され、これに反する旧の基準は不適用と考えるべきであると思います。

私が気にしていますのは、そうした形式のことではなくて、もっと実質的な中身です。最近では、アメリカ会計が「資産・負債アプローチ」といいますか、資産と負債の評価額を元にした会計観を採っていることから、わが国で採用される新しい会計基準も、そうした資産・負債の評価をベースとして利益を計算（計算しているのか、資産・負債の評価の結果としての利益なのか?）しようという傾向が強くなってきました。

わが国、いや、世界中の先進国がこれまで採用してきたのは、収益と費用を計算し、その差額としての利益を計算する、いわゆる「収益・費用アプローチ」でした。わが国の会計憲法ともいうべき企業会計原則も、「収益・費用アプローチ」を採ってきました。

これまでの会計基準が「収益・費用アプローチ」を採り、新しい会計基準が「資産・負債（評価）アプローチ」を採るとすれば、わが国の企業は、二つの会計観を満たす財務諸表を作成しなければならなくなるのです。それは、あたかも、マルクス経済学者でも近代経済学者でも使えるようなテキストを書くようなものです。おそらくは、どちらの陣営からも拒否されるのではないでしょうか。

少し具体的にお話ししますと、資産・負債中心観でいきますと、資産を測定し、負債を測定し、資産の額から負債の額を差し引いた額、これを純資産額といいますが、この純資産額が期間中にどれだけ成長（増加）したかを計算して、その期の利益とします。

こうした考え方は、新しいようでいて、実は、七〇年ほど前までヨーロッパでもアメリカでも支配的な会計方式でした。そうした古典的な会計観が改めて世界中で次第に広がってきているのです。わが国でも、時価会計、退職給付、企業結合、減損会計など、近年の会計改革の下で新たに導入された基準は、こうした資産・負債アプローチを採っているものです。

これまでの企業会計原則が収益・費用アプローチを採っていますから、企業会計原則と新しい基準群とを、どう折り合いをつけるか、非常に難しいのではないでしょうか。企業会計原則を巡っては、先程述べたような形式的な問題よりも、こうした問題の方が実質的に重要だろうと思います。

企業会計原則が採る収益・費用アプローチは、発生主義会計と言い換えてもいいと思いますが、発生主義会計では、経営者しか知らない将来の事業計画などに基づいてコストを期間配分し、当期収益との差額で実現利益を計算するところに一番の特徴があります。

会計の仕事が利益の計算、それも期間利益の計算にあることを考えますと、企業会計原則が採用している収益・費用アプローチは捨てがたいものだと思います。収益・費用アプローチを捨てて資産・負債アプローチに乗り換えるとすると、私たちがこれまで教室で話してきたことはまったく役に立ちませんし、書店にならんでいる会計学のテキストも「昔の会計」を書いた歴史書になってしまいます。

企業会計原則の歴史的役割

話は変わりますが、何年か前に、かなり経験豊富な公認会計士の方と話をしていて、企業会計原則の話が出たとき、その会計士が「私は、二次試験に受かってから三〇年くらいになるが、受かった後は企業会計原則など見たこともない」というのです。すっかり頭に入っているという意味なのか、実務では企業会計原則など役に立たないという意味なのかは聞き漏らしましたが、おそらくは企業会計原則には実務上重要なことは書いてないという意味だったのではないかと思えるのです。

この会場にいらっしゃる皆さんは、ほとんどが大学の先生ですから、教室に会計の規則集を持っていくとか、研究室や書斎に置いてあることと思います。それで、先生方は普段、企業会計原則をお読みになりますか。全部頭に入っているという方もいらっしゃるでしょうが、めったに企業会計原則は見ないという先生の方が多いのではないでしょうか。

どうせ企業会計原則には、「古い損益アプローチ」しか書いてないということでしょうか、それとも、もう読む価値がないということでしょうか。当たり前のことしか書いてないから読む必要がない、ということであれば、企業会計原則の啓蒙的役割は十分に果たされてきたといえると思います。もちろん、それは、先生方のように、すでに会計学をマスターされている人たちにとっての話であって、これから会計学を学ぼうとする人たちには、企業会計原則はまだまだ啓蒙的役割があると思います。

企業会計原則をどうしたらよいか、ということでしたが、企業会計原則は歴史的な役割があって、設定当時、啓蒙的な役割を担っていたのではないかと思います。今では、そうした啓蒙的な役割を終えて、ルールブックとして再編成する必要があると思います。

どういうことかと申しますと、例えば、企業会計原則は一般原則から始まりますが、一般原則にある七つの「原則」と呼ばれているものには、原則とかルールとしての性格を持っているものはありません。原則としての性格を持たないものに「原則」という名前をつけてしまったものですから、わが国では、企業会計の真実性やその確保の方法などを巡って延々と原則論争、解釈論争をやってきたのです。

ディスクロージャーの原則

本当は、企業会計原則の冒頭を飾るべきものは、明瞭性の原則です。明瞭性というと、そんな内容の乏しいものがなぜ冒頭にでてくるのかと疑問に思うかも知れません。「明瞭性」と日本語にしてしまえばマイナーな原則のように聞こえますが、あれは「ディスクロージャー」の原則です。当時、アメリカで支配的であった新しい時代の会計観は、ディスクロージャーだったと思います。フル・ディスクロージャー、タイムリー・ディスクロージャーです。必要な情報をフルに、タイミングを逃さずに、誤解を招かない方法で関係者に伝達することを重視する会計観です。

近代会計の理念を示したのがこのディスクロージャー思考であったと思われますが、これを四番目の原則にもっていってしまったものですから、日本語に直すと「明瞭性の原則」になってしまったのかも知れません。

しかし、当時、わが国における会計学界の力関係は、ドイツ会計学が勝っており、いかに戦後のこととはいえ、企業会計原則の冒頭に英米会計の真髄たるディスクロージャーの原則を掲げるには抵抗が大きかったということではないでしょうか。わが国の企業会計原則がモデルとしたのは、アメリカのサンダース、ハットフィールド、ムーアという三名の教授が書いた「ＳＨＭ会計原則」であったといわれています。一部の関係者はそれを否定していますが、それは日本の会計原則が単なる英語文献を模倣したものだといわれるのを嫌ってのことか、あるいは、ドイツ会計学者の意地の表明なのかも知れません。

この文書を書いた三名の教授の頭文字を取って「SHM会計原則」と呼んでいますが、当時の会計実務、会計文献、会計規制などを調査して、その中から、公正妥当と考えたものをピックアップして編集したものだといわれています。この「SHM会計原則」の第六部が「一般原則」になっていて、その冒頭に「企業会計は、企業の財務状態および経営成績に関する、すべての重要な財務情報を提供しなければならない」として、ディスクロージャーの考え方を掲げています。

本来なら、わが国の企業会計原則でも、この原則が最初に出てきて、「新しい時代の会計はディスクロージャーなのです」、その「新しい時代の会計では資本と利益をきちんと分けるのです」、あるいは「一度採用した会計方法は継続して適用するのです」、といった新しい時代の会計観が「一般原則」という名前でなく、別の形で盛り込まれるべきであったのです。

それを、当時、会計原則を取り纏めていた先生方が、威厳を与えるべく「原則」と名前をつけて、「○○の原則」「××の原則」としてしまったために、七つのステートメントにみんな原則とかルールとしての意味合いをつけなければならなくなったのです。

本当は、一般原則として書かれているものはすべて、啓蒙的に、「新しい会計はこういうものです」ということを示したものではないかと思います。原則という強い意味を持つルールは、すべて、その後の損益計算書原則、貸借対照表原則にあって、一般原則にはありません。

ルールを守れば「真実」を確保できるか

最初に真実性の原則が書いてあります。黒澤清先生はじめ多くの先生方が、真実性の原則でいう「会計の真実性」を確保するにはどうしたらよいかを書いています。会場の先生方も随分昔にお読みになったと思いますが、通説によりますと、会計上の真実を確保するためには、真実性以外の、その他の原則やルールを全部守ればよいわけです。

先ほど、会場の高田正淳先生から、「GAAP《ギャップ》を守ってできた財務諸表は公正なのか」、つまり、「書かれているルールをすべて守ってできた財務諸表は、すべて公正なのか」という疑問が出されましたが、わが国では長い間、ルールを守ってできた財務諸表は公正妥当で、企業の真実の経営成績と財務状態を示す、と信じられてきました。でも、そうした解釈はどう考えてもおかしいのではないでしょうか。

私も長年、おかしいおかしいと思いながら教室でそう教えていましたが、あるとき、こんなことを考えました。会計の話から飛びますが、道路交通法の話をします。

道路交通法の目的は二つあります。交通・通行の安全確保と円滑化です。ところが、この二つの目的は、達成しようとすると対立するのです。つまり、交通の安全を高めようとすれば、赤信号や一旦停止、通行禁止を増やせばよいのですが、そうしますと、交通の円滑化は図れません。交通の円滑化を図るためには、逆に、信号を取り払い、一旦停止や通行禁止をやめるとよいのですが、そうしますと事故が多発するのです。矛盾する二つの目的を何とか調和させながら、目的を達成しようとするのですが、そのためにたくさんのルールが道路交通法に書かれています。

車を運転される方にお聞きしますが、すべての交通ルールを守れば事故は起きないのでしょうか、すべてのルールを守れば渋滞は起きないのでしょうか。そんなことはありません。ルールを守っても、目的を達成できないことはあるのです。

会計でも同じことがいえると思います。すべての原則を守って財務諸表を作成しても、いわゆる真実かつ公正な財務諸表、あるいは、公正妥当な財務諸表ができるという保証はないと思います。小さな声でしかいえませんが、ルールを守ることしか考えないで作られる日本の財務諸表は、結果として真実かどうか、公正かどうか、分かりません。

真実性の原則と離脱規定

だからこそ、英米には、離脱規定があるのです。英米の会計観には、ルールをすべて守っても正しい財務諸表ができるとは限らない、という発想があります。だからこそ、離脱規定があるのですが、よく考えた上で、そのルールが自分の企業の実態を表すと考えられる場合にはそのままルールを使いなさい、ルールをそのまま適用すると実態を示せないと考える場合には、そのルールから離脱して、自分に合うルールを自分で作りなさい、というのが英米の考え方です。

ニューヨーク大学のジョシュア・ローネン教授は、アメリカの場合、「GAAP《ギャップ》（一般に認められた会計原則）に従っても、（公認会計士・監査人の）責任は免除されません。GAAPに従っていても、財務諸表が誤解を招くこともあります。一方で、もしもGAAPに従わなければ、確実に糾弾されます。」といっています（マイク・ブルースター、山内訳、二五九頁より引用）。

離脱規定については、また後ほどお話しする機会があるようですので、この辺でやめます。テーマの、企業会計原則をどうするかということですが、私は、一度、古い基準や意見書を全部解体して、つまり、企業会計原則も連続意見書も調整意見書も個別意見書も、すべて棚卸して、一般原則のような啓蒙的な内容を捨てて、個別のテーマごとに基準を再編してみてはいかがかと考えています。資産の評価基準、減価償却の基準、繰延資産基準、損益計算書の作成基準、そういうものにいっぺん組み直してみてはどうでしょうか。

先ほど桜井久勝先生がいわれていたように、企業会計原則は、わが国の会計界にとって貴重な遺産ですから、それは是非とも残しつつ、新しいものに衣替えしていくのがよいと思います。聞くところによりますと、企業会計基準委員会でも、中期的な課題として、企業会計原則の棚卸しを検討しているそうです。ぜひ実行して欲しいと思います。ただそのときには、これまで七〇年間にわたって積み上げてきた損益アプローチの財産を十分に尊重していただきたいですね。

金融ビッグバンと新しい会計基準に対するスタンスをどう取るかと聞かれて

（埼玉大学の岩辺晃三教授の質問に答えて）

新しい会計基準に対してどういうスタンスを取ったらよいかという趣旨のご質問をいただきましたが、私は、少なくとも二つのことが重要だと考えています。

一つは、環境の整備です。何らかの改革・変革を行うには、同時かその前に、そうした環境変化に対する整備・準備をしていただきたい。もう一点は、日本の特殊事情を全面的に無視するようであれば不要な摩擦が起きるので、日本の事情、いや、国際ルールを作るには各国・各地域、各民族、各宗教などの事情を十分にくみ取ったものにしていく必要があることを認識することです。

環境整備の話をします。何か新しいことを始めたり、何かを変えるときには、そうした変化の影響を測り、その影響がプラスの効果（変化を起こす目的にあっている）を持つことを確認し、万が一、マイナスの効果（産業界や個々の企業に負の効果）を及ぼすことが予見される場合には、負の効果を最小限にするために、事前に対策を立てておく必要があります。

会計とは関係ないことですが、ある新しいことを始めるには、事前の環境整備が必要だということの良い例として、セルフのガソリンスタンドの話をします。

ガソリンスタンドでは、ガソリンの他、軽油（ディーゼル車の燃料）、灯油（ストーブの燃料）、ハイオク（オクタン価が高い、高速走行に向く燃料）などを取り扱っています。わが家がいつも利用するスタンド（A店とします）では、給油の機械もホースも、ガソリンは赤、ハイオクは青、軽油にはオレンジ、という色分けがされています。しかし、残念なことに、私たちが乗っている車には、給油口が色分けされていないのです。

もしも、給油機械とホースに赤い色が付いていて、さらに給油される車にも同じ色がついていれば、よほどのことがない限り、給油のミスはなくなるのではないでしょうか。

ところが、実際には、車には、車の給油口には、何の色も付いていません。ガソリンスタンドのスタッフが、ちょっとした勘違いをすれば、例えば、前の車がディーゼルだったとか、お客さんが間違えて「ガソリン満タン」といったとか、いつも来る同じタイプの車がディーゼルだったので、とか、間違える原因はいくらでもあります。でも、こうした間違いは、給油機、ホース、車の注油口の三か所に、同じ色のステッカーでも貼れば、いとも簡単に解決するはずです。

またまたところが、わが家の近くで営業している、もう一軒のガソリンスタンド（B店としましょう）、いま紹介したスタンドとは三〇〇メーターも離れていませんが、そこは同じ系列でありながら、使っている色が違うのです。これでは客まで勘違いしてしまいそうです。

先日、高速道路のスタンドで給油しました。スタッフが、私の車の燃料の種類を聞いて、それを書類の上に書いて、その書類を見せながら「ハイオク、満タンですね」と確認するのです。客にガソリンの種類を再確認することでトラブルやミスを防ぐには、いい方法だと思いました。私が「そうです」というと、スタッフが「ハイオク給油」と書いてある黄色のシートを、車のドア・ミラーに巻き付けました。そこまでしてミスを予防しているのかと感心してみていたのですが、ふと振り向くと、スタッフが握っているホースの色は赤でした。改めて周りで給油を受けている車を注意してみると、軽油を給油している車のドア・ミラーには、何と、赤いシートが巻かれていて、軽油のホースの色は黄色なのです。「黄色は軽油」「赤はハイオク」と覚えていたのでは、ドア・ミラーのシートの色に惑わされて、つい間違えてしまいかねません。

スタッフがいて、給油をしてくれるスタンドでこうなのです。規制緩和で、セルフのガソリンスタンドがでてきましたが、セルフのスタンドを認可する前に、せめて、ガソリンと灯油を色分けして、給油機と車に同じ色を張り付けるくらいの準備が必要なのではないでしょうか。

規制を緩和する、何かを始める、何かを変える、といった場合には、こうした事前の準備が必要だと思うのです。会計基準も同じことではないでしょうか。では、どんな事前の準備が必要なのでしょうか。これから導入される減損会計に対して事前に準備すべきことについては、別のところ（次章）で書きましたのでご参照ください。

アングロサクソン型会計とフランコジャーマン型会計

（名城大学の伊藤秀俊教授の質問に答えて）

（伊藤教授の質問の概要）

「私も常々、アングロ・アメリカ型のグローバル化の趨勢に疑問を抱く一人です。そして、田中先生の大局的な視点からの会計アプローチに賛同する者です。現行のＩＡＳＢ（国際会計基準審議会）と、ＩＯＳＣＯ（国際証券監督者機構）とが一体となった国際会計戦略が、まさに国際的次元の会計上の政治化現象の着地点という厳然たる事実があると思います。残念ながら、ＩＡＳＢはアングロサクソン志向の支配体制下に置かれた状況になっているといって過言ではありません。

こういう事実認識に基づいた場合に、わが国に対するＩＡＳＢやアングロサクソン諸国の影響力を弱める方策は考えられないものでしょうか。私は、先生が主張されるように、日本独自の会計の立場があるはずで、アングロサクソン諸国に対して日本の立場・主張を強く訴えることが必要だと思います。

私の尊敬する先生が書かれた本の大半をうちの学生に読ませていますが、学生からは「なぜ、田中先生がいうような方向に行かないのか」という指摘を受けます。よろしくご教示いただきたいと思います。」

Political Accounting

伊藤先生から熱いラブコールを頂き、ありがとうございます。おっしゃっていることは、私もその通りだと思います。日本が孤立しているのです。孤立する必要などまったくないのですが、孤立してしまっているのではないでしょうか。

孤立している日本とよく似ているのは、おっしゃるとおりドイツでありフランスです。ドイツとフランスはあまり仲の良い国同士ではないようですが、中に日本が入って取り持つのも手かも知れません。

日本も独仏も、大陸法の国であり、しかも、会計と税制がぴったり結びついています。税制と企業決算が結ばれている国々と、英米のように税と会計が切り離されている国々とでは、同じ会計基準を設定しても、企業決算や経済界に与える影響はまるで違います。

それにもかかわらず、わが国では、新しい基準を設定するときに、税に与える影響がどうなるのかとか、税負担を軽減しようとして企業がいかなる行動にでて、産業界にどういう影響が生じるかといったことは、考慮されません。税のことを考慮せずに基準を作りますから、時には、企業がとんでもなく税制面で不利益を被ってしまうのです。

先生のいわれる通り、税と会計が結びついている日独仏が連盟でも作って、国際会計基準審議会などに働きかけるというのも英米主導の基準設定に対する牽制になるかも知れません。

昨日、報告の時にお配りしたレジュメに、「political accounting」と書いておきました。座長の友杉先生からもこれは何のことかという話がでましたが、political accounting とは、今のような話です。

先ほどもお話ししましたように、会計は基本的には私企業の決算、私的自治の世界のことです。にもかかわらず、企業規模が拡大し、社会的資本を拘束するようになりますと、私企業の、私的自治の話では収まらなくなります。さらに、個々の企業が新しい会計基準に、自社にとって有利になるように対応しますと、今度はマクロ経済が成り立たなくなるという事態も発生します。時価会計や減損会計は、その典型ではないでしょうか。

今日の会計は、そうしたマクロ経済・経済社会に対する影響から国益・公益、産業振興までも視野に入れる必要があります。こうした考えを、私は、political accounting と呼んだのですが、political という表現が嫌いな方も多いようですので、strategic accounting と呼んでもいいのではないかとも考えています。

アメリカではすでに四〇年も昔から、国の利益、ナショナル・インタレストを守るために、あるいは産業振興策として会計を使ってきました。その点は、イギリスでもフランスでも同じです。われわれも、そのことを学んでおく必要があると思います。

「真似る」、ということではなくても、会計が私企業の決算にとどまらず、ナショナル・インタレストを守るためや自国の産業を振興するための重要な手段として使われていること、アメリカなどがそうした手段で日本を攻めてきているのだ、ということを十分に認識して、日本の会計、日本の基準を考える必要があると思うのです。こうした認識をもって会計と会計基準を見る視点を、わたしは political accounting と表現したのです。

日本会計からの発信

話が少し長くなるのですが、朝日新聞が「新聞は世界から届く私への手紙」というキャッチフレーズを使ったことがありました。あのキャッチフレーズを目にしたとき、私は本当にがっかりしました。四〇年以上も朝日新聞を愛読してきましたが、朝日新聞は世界に発信する新聞だと思っていたのです。

しかし、実態は、ただ受信するだけのラジオみたいなものだったのですね。受信だけで発信しないのです。オピニオンなどといっても国内向けにしかいっていないわけです。

何も朝日新聞だけを問題にしているのではありません。私は、会計学界も、外国文献研究という受信にとどまらず、大いに日本から海外に発信していく必要があると思います。

ところが、昨日も申し上げましたが、日本は今、受信能力も低下してしまっていて、情報鎖国の状態です。日本のラジオ、特に会計ラジオはあまり感度が良くないみたいで、時価会計は世界中で使われているとか、国際会計基準を採用していないのは日本くらいだ、などといった誤報ばかり拾ってしまうのです。しかも発信ができません。

われわれは、もっともっと、日本の事情、日本の考えを外国に発信していくべきだと思います。発信すれば、ドイツやフランスも、日本が自分たちと同じ問題を抱えていることを理解してくれるのではないでしょうか。日独仏連盟も力になるでしょうけども、会計の世界に身を置く者として、会計の方から、世界に発信していくことが大事だと思います。

離脱規定とsubstance over form

（東亜大学の岸悦三教授、京都大学の澤邉紀生教授の質問に答えて）

（岸教授の質問の概要）

「昨日の報告では、実質優先主義の適用に関連して『離脱規定がない国ではsubstance over form は機能する場がない』ということでした。アメリカにもイギリスにも、フランスにも離脱規定があります。フランスの場合、プラン・コンタブルでは真実を追求するように定めていますが、既存の規定では真実が表示できない場合は、その既存の規定から離脱して真実を追求することが求められています。規定が想定していない事態に対しては、離脱して、正しい規定を考えて対処するというのです。わが国の基準もそうあるべきだと考えますが、先生のお考えをお聞かせください。」

ご質問、ありがとうございます。離脱規定は、コモンローの国では当たり前の考え方ですが、最近では、フランスやドイツなどの大陸法の国でも採用されています（ドイツは草案の段階だそうですが）。すべての法規にあるということではなくて、会計のルールには普通、離脱規定があります。

イギリスの場合には、会社法の中にもありますし、会計基準にもあります。アメリカの場合は、アメリカ公認会計士協会（ＡＩＣＰＡ）の職業倫理規定に書いてあります。

ドイツやフランスのような大陸法系の国では、離脱規定はなかったのですが、それがなぜ離脱規定を設けるようになったかといいますと、それは、国際会計基準に離脱規定があるからです。日本では、英米諸国や国際会計基準に離脱規定があること自体、ほとんど知られていません。

国際会計基準は英米の基準を取り込んで設定されていますから、当然に離脱規定もあります。しかし、わが国で出版されている国際会計基準の解説書では、離脱規定の存在がほとんど無視されています。いや、この規定の意味が理解されていないのかも知れません。

離脱規定というのは、ある規定を適用すると、自分の企業実態を表さず、そのまま基準を適用すると投資家をミスリードしかねないようなケースに適用されます。そういう場合には、規定から離脱して、自ら適切なルールを考えて、それを適用しなさいというものです。

このことは、経営者に対しても、監査を担当する会計士にも要求されています。そうした事態のときは、「離脱してもかまわない」というのではありません。「離脱しなければならない」という、強制適用です。

離脱規定は、法律に書いてあることよりも会計基準の方がいい、あるいは、会計の基準に書いてあることでも、書いていない違うルールを使った方が実態をよく表すといったときには、決められているルールを適用せずに、より良い方法を採用しなければならないというものです。別のルールを使っても良いですよといった任意規定ではありません。もっと良い方法があるのであれば、それを使いなさいという強制適用です。

この離脱規定は、昨日の報告でもお話したのですが、実質優先原則、substance over formとセットになっているのです。どちらか一つだけを作っても機能しないのです。substance over formという考え方は、フォーム（法形式）よりも実質を優先しなさいということですから、法から離脱することを想定しています。ですから、もう一方に離脱を認めるか強制する規定がないと、使えないのです。また、離脱して何をするのかといったときに、substance over formという目印があれば、この二つがやっと機能するのです。

昨日、岸先生から質問を頂いて、ホテルに帰って調べたのですが、一九八六年に横浜国立大学で開かれた会計学会で、私がイギリスの離脱規定について報告しました。もう一七年ほども昔でした。そのとき、岸先生が、一番前の席で報告を聞いてくださり、質問してくださったことを思い出しています。

日本では、英米諸国にある離脱規定については、ごく少数の研究者が知っているだけで、商法や企業会計原則の改正のときにも議論されたことはありません。私は、「ルールに従っても、イコール、公正妥当な報告書になるとは限らない」ことを認識して、わが国でも離脱規定かそれにちかいものを用意する必要があるのではないかと考えています。

先の、高田先生が出された疑念も、同じことを心配されてのことだと思います。

〈澤邉教授の質問の概要〉

「アメリカの場合、principle−based approach と rule−based approach を巡る議論をみましても、rule−based approach の下で会計基準を墨守してしまったことが不祥事の背景となったともいわれています。アメリカで離脱規定が実質的に機能していれば、このように会計が批判されることもなかったような気がします。

もう一点付け加えさせていただきますと、たしかに田中先生のおっしゃるとおり、substance over form が機能する条件として離脱規定が必要だというのは卓見でありまして、おっしゃるとおりだと思います。だからこそ、イギリスは substance over form が実質的に機能するようにルールが作られてきたという傾向があるわけでありまして、逆にアメリカは、substance over form を最初にいっていながら、なかなかそれを展開することができなかったというような議論がされているかと思います。

特にイギリスの場合、substance over form という前に、true and fair view の解釈が全面に出てきますし、一概にアメリカとイギリスを同一視するのはやや単純化しすぎではないかと思うのですが、いかがでしょうか。」

ご質問ありがとうございます。澤邉先生とは、たまたま同じ時期にイギリスにおりまして、ロンドンでお会いした折り、この離脱規定のことなども含めて、イギリスの会計について意見を交換したことがありました。

離脱規定については、その効果についてまで英米を同一視するつもりはありません。日本に導入したところで、イギリスと同じような効果があるとも考えていません。ただ、会計のルールとして完全なもの、網羅的なものを作ることができない以上、会計の仕組みとして、離脱規定のようなものが必要ではないかと考えています。

先ほど、道路交通法の話をしましたが、道路交通法では交通の安全と円滑化のために多くの規定を設けています。例えば、スピード規制、一時停止、信号、車両整備、駐停車規制など、事故や渋滞を起こさないためのルールがあります。しかし、すべての車や人が、すべてのルールを守っても、事故や渋滞は起きます。

すべてのルールを守って運転したけれども、不幸にして事故を起こして、他人を轢き殺してしまった人に対して、「どのルールにも違反しないから、君は無罪放免だ」というわけにはいきません。そこで、「すべてのルールを守っていながら、事故を起こした運転者」に相応の責任を負わせるために、「安全運転義務」というルールがあります。

この規定は、具体的に、どういう運転をすれば安全運転義務違反にならないのかは、明らかにしていません。具体的な中身のない規定です。いかなる運転をしようとも、結果として事故を起こしたら罰せられますよ、という意味の規定です。これは、道路交通法の中に設けられた一つの仕組みなのです。事故を起こさないためにいろいろな規制をしますけれども、すべての規制を守っても、必ずしも安全は確保できません。すべてのルールを守っていながらも事故を起こした運転者に、事故の責任を問うためには、「安全運転義務」違反という仕組みが必要なのです。

事故を起こしてしまってから「ルールが悪い」といっても始まりません。「安全運転義務」は、事故の原因をルールの不備に押しつけるのではなく、ルールに書いてないことやルールをそのまま適用すると事故につながると考えられる場合には、事故を未然に防ぐために工夫することを要求しているのです。

会計の世界にも、こうした安全弁といいますか、制度や基準がその目的に合うように、円滑に運営・適用できるような仕組みが必要なのではないでしょうか。

（この後、同志社大学の百合野正博教授から、次のような補足発言を頂戴した）

「イギリスに住んでいますと、今、田中先生がおっしゃったように道路交通標識がほとんどありません。われわれ日本人には、これは困ります。車を走らせるのに、時速何キロ（イギリスは、マイルですが）で走ればいいのか、こんなことがわかりません。日本ですと、路面に四〇と書いてあれば五〇で、五〇と書いてあれば六〇で走ればよいのですが、イギリスには、そうしたサインや看板がほとんどない。運転者が、自分で判断するということが非常に重要視されているのです。

したがって、イギリスの会計士の場合は、彼らはプロですから、細かなルールは要らない。自分たちが判断することが結果としてルールになっているという考えでしょうから、イギリスの場合には、離脱規定は当然という気がします。」

会計公準と会計原則

(桜美林大学の木下裕一教授と、京都学園大学の高田正淳教授の質問に答えて)

(両教授の質問内容を、座長の友杉教授は、次のように要約して、会場に紹介してくれました)

「桜美林大学の木下裕一先生のご質問は、『原価主義会計の主張者・擁護者がしばしば貨幣価値一定の公準をいいますが、これについて、どうお考えですか。継続性については、会計士監査において不適正意見が表明されることが必要と考えますが、いかがですか。先生のレジュメには、減価償却は未熟だということが書いてありますが、成熟した減価償却とはどういうものかを教えてください』という内容です。

京都学園大学の高田正淳先生からは、継続性の原則を会計方針の継続的適用とは考えない場合、財務情報の期間比較が無意味となって、会計の有用性に影響すると思います。もう一つ、会計の中心課題は、会計利益の決定ではないのでしょうか。

いろんな質問を頂戴しています。田中先生、この辺の質問に、まとめてお答え願えませんか。」

「会計的に正しい」という原理主義

ご質問くださり、ありがとうございます。私が例に挙げた貨幣価値一定の公準は、あくまでも、会計の世界では常識として使われているけれど、他の社会ではかならずしも常識とは考えないものの一つとして引き合いに出したものです。昨日の報告で、politically correct という話をしましたが、「会計的に正しい」ものが世の中で最優先で適用されるという考え方に疑問を呈する例として使ったものです。

企業会計原則を設定したときに、前文で「企業会計原則は、将来において、商法、税法、物価統制令等の企業会計に関係ある諸法令が制定改廃される場合において尊重されなければならない」と書いたわけです。その後、実際に商法や税法の改正において、企業会計原則の考え方が取り込まれたりもしています。私たち会計学者は、前文を読み、その後の動向を見て、「会計的に正しいものは世の中で最優先される」のだと考えてしまったのではないでしょうか。

私たちはずっとそういう考え方になじんできたように思えるのです。例えば、時価会計の基準も減損会計の基準も、それが経済社会にいかなる影響を与えるかとか、企業決算にどういうインパクトを与えるかとか、税務上の影響はどうか、といったことを考えずに、会計的に正しいと考えたものは何が何でも実行するという考えをしがちになってきたように思えるのです。

わが国の金融商品会計基準、つまり時価会計の基準を作った委員に聞きますと、この基準を作るときには経済界（マクロ経済）への影響についてはまったく考慮しなかったといっています。減損会計基準は、マクロでは不動産市場への影響、ミクロでは、個々の企業の税に与える影響が極めて大きいと考えられるのですが、適用指針を作った委員に聞いてみますと、減損会計が企業の税に与える影響については考慮していない、というのです。

私がここで申し上げたいのは、「会計的に正しいこと」、「会計の世界で正しいとされること」が、本当に世の中で通用するかどうか考える必要があるのではないかということです。例としていくつか挙げさせて貰ったのが、貨幣価値一定の公準であり継続性の原則でした。

貨幣価値一定の公準は、会計の仲間内で使っている分には理解が得られるかも知れませんが、インフレやデフレのときに、「会計では貨幣価値は一定とみなす」という仮定が説得力を持つかどうか、疑わしいのではないでしょうか。

昨日のレジュメに、「減価償却の方法は原価配分法としては未熟で、他を説得できない」といったことを書きました。定率法と定額法という、計算結果がまるで違う方法が、何の条件もなしに、自由に選択適用できるのです。

一〇〇万円で購入した機械を五年使うことにして、残存価額一〇％で計算すると、一年目の償却費は、定額法なら一八万円、定率法なら倍以上の三六万九千円、五年目は、定額法なら一八万円、定率法なら三分の一以下の、五万八千円。これだけ違う結果が出ることに、誰もが納得するような理屈がつけられるでしょうか。

私がいいたいことは、会計の世界では二つの減価償却法が「会計的に正しい」と考えられても、他の世界には通用しないのではないか、ということです。

継続性について申し上げますと、固定資産を購入した年に定額法を採用して、二期目に、何かの事情で定率法に変えるとします。すると、公認会計士の先生から、継続性違反だといってゴツンと拳骨（限定意見）を喰う。

継続性の原則を守ればいいのですから、ゴツンと一回たたかれた後、次の年は黙って定率法を使えば会計士は何もいわない。しかし、会社が反省して、「この前、会計士の先生に叱られたから、元に戻そう」といって定額法に戻すとしますと、また会計士から継続性違反だといってゴツンとやられるのです。妙なことですが、会計では反省してはいけないのです。

継続性のことを問題にしたいのではありません。会計の考え方や会計のルールを会計以外の世界に持っていったときには、継続性にしろ、貨幣価値一定にしろ、それほど通用する考え方ではないということを申し上げたいのです。「会計的に正しい」ことがすべてに優先して採用すべきだと考えるのは会計サイドの思い上がりではないかということを申し上げるために使わせていただきました。

最後に、高田正淳先生のご質問に、私なりにお答えしたいと思います。高田先生のご質問は二つありまして、一つは今申し上げた継続性の原則についてです。高田先生は、財務情報の期間比較性を確保するには継続適用が必要なのではないかというご意見かと思います。私もそのことに異を唱えるつもりはありません。ただし、前期に使った会計処理・報告の方法が、次期においても最善の方法であれば、その方法を継続して適用するのが、期間比較のためにも、利益操作防止のためにも、有効であると思います。

しかし、次期において、前期に採用した方法がベストではないと考えられる状況になった場合に、比較性を確保することを優先するか、それとも、企業実態を明瞭にディスクローズすることを優先するか、大きな課題ではないでしょうか。

会計目的観の分裂

もう一つ、高田先生のご質問は、会計の中心課題は利益の計算ではないのか、ということです。私も、会計の役割は利益の計算、それも、期間利益の計算だと考えていますが、最近の会計界の動向といいますか、アメリカの会計基準や国際会計基準の動向を見ていますと、会計の中心課題が財産評価・財産計算に傾斜しているように思えます。

先ほど、企業会計原則のところで話しましたが、企業会計原則は収益・費用アプローチ、つまり、期間損益計算を中心課題として纏められています。ところが、この会計ビッグバンで導入されてきた新しい基準は、時価会計にしろ、減損会計にしろ、退職給付会計にしろ、資産・負債の評価の基準で、アプローチとしては、資産・負債アプローチを取っています。

今の会計は、アメリカでもそうですが、収益・費用アプローチと資産・負債アプローチが混在して、利益の計算をしようとしているのか、財産の計算をしようとしているのか、両方をやろうとしているのか、判然としないところがあります。

このことは、学の世界でも同じです。私たちの学界は、『会計学辞典』(同文舘刊)と『会計学大辞典』(中央経済社刊)という、学界の財産ともいうべき辞典を二冊持っています。ところが、この二冊の会計学辞典に書かれている「会計の目的」がまるで違うのです。蛇足ですが、ハンディな会計学辞典として知られる『会計学辞典』(森田哲弥・宮本匡章編著)には、不思議なことに、「会計」の定義も「企業会計」の項目もありません。

『会計学大辞典(第四版)』では、財産の「増減の事実と増減の原因を継続的に記録し、一定の期間ごとに、財産がどれだけ増減し、どれだけの財産が存在しているかを明らかにする行為」が企業会計であるといっています。ここでは、会計は、ストック(財産)の有り高を計算するシステムと考えられているのです。

もう一方の、『会計学辞典（第五版）』では、「企業会計の直接的課題は、企業活動の結果として獲得される利益の算定にある」と説明しています。ここでは、会計は、フロー（財産が変化する量）を計算するシステムと考えられています。

静態論には会計学が要らない

私の考えは、『会計学の座標軸』という小著（第七章「会計学の静態化」）で詳しく書かせていただきましたので、詳しいことはそちらに譲りますが、そこで書かなかったことを、一、二話させていただきますと、会計が財産の有り高を計算するシステムであるということになれば、減価償却も先入先出法も要りませんし、繰延資産の議論も収益計上の基準も要りません。つまり、これまでの会計学が要らなくなるのです。

今紹介しました『会計学大辞典』の定義ですが、財産を計算するのが会計の役割だといいながら、財産の増減の事実と原因を「継続的に記録」するというのです。財産がどれだけ増えたかを知るのに、そうした継続的な記録は要らないのではないかと思うのです。いかがでしょうか。

むしろ、財産の有り高を計算するのが会計の仕事となりますと、企業内で会計を担当する者も、監査をする公認会計士も、これまでの会計学なんか忘れて、不動産鑑定士やアクチュアリー（保険数理士）の資格を取る必要がありそうです。なぜなら、公認会計士の試験には、財産評価の科目がないし、伝統的な会計学のテキストにも財産評価のことは書いてないからです。

財産評価アプローチには、それなりのメリットがあります。それは、近未来の企業の状況、とりわけ、破綻や債務超過の危険を予測する有力なデータを提供することです。問題を抱えた企業が、半年後、一年後に、ちゃんとやっていけそうかどうかは、原価データを基にしたバランス・シートや損益計算書を見てもわかりません。しかし、持っている財産が今いくらしているとか、負債を返済するにはいくらの現金が必要か、といった情報があれば、半年後、一年後における企業の存続可能性を判断できるのではないでしょうか。財産評価アプローチには、そうした利用価値があります。

しかし、財産評価アプローチには、会計学にとって致命的ともいえる欠陥があります。それは、このアプローチに基づいて作成された財務諸表からは、その企業の収益性を知ることができない、ということです。言葉を換えていいますと、企業の中長期的な収益力、中長期的な存在可能性が読めないのです。

会計って、いったい、何を役割としているのでしょうか。私は、投資家や株主などに、その企業の中長期的な収益力と存続可能性を判断できるような会計データを提供することにある、と考えています。ありがとうございました。

第4章　亡国の減損会計

日本経済界と企業決算が時価会計によってズタズタにされ、雇用の破壊、消費の低迷、証券市場の崩壊が起こり、経済を底冷えさせ、デフレ・不況を加速している最中に、追い打ちをかけるように「減損会計」である。

どうやら、わが国の基準設定者はサディストか、そうでなければ、とんでもない経済音痴ではなかろうか。

集中治療室の中の日本経済

日本の経済界が、少し明るさを取り戻してきたという。アメリカや中国への輸出産業と、それに関連した一部の素材業界が、中国特需などで潤っているといわれる。

国内を見ると、確かに、東京などの大都会では、都心部商業地の地価が下げ止まるなど、経済が復活基調を示している証拠もある。しかし、都会を離れると、日本の経済が未だ「集中治療室」にいることを思い知らされる。

最近、勤務先の仕事や調査などで、地方都市をいくつか回る機会があった。「地方都市」がいままでは、単なる「地方」になり、「都市」としての機能を果たせないでいるところも出てきた。駅前の商店街や町中の商店街はおろか、飲食街までが寂れ果ててしまっている。

さすがに地方には川岸のテント部落はないが、昼間から駅やコンビニのゴミ箱をあさっている者をみかける。商店街が歯抜けで、一軒か二軒置きに休業・廃業した店があり、夕方五時か六時になると一斉に店を閉めてしまう。それ以上開店していても客がないことを、これまでの経験から知っているのである。

長引く不況で経営が成り立たず、借金だけを抱えて倒産する中小企業があとを絶たない。リストラに遭って再就職できない高齢者と借金だらけで倒産した中小企業経営者の末路はすさまじい。生命保険をかけて、遺書も残さず（自殺を疑われるので、残したくても残せないのだ）自殺する。それも、普段はやったこともない釣りに出かけて波に飲まれたふりをしたり、雨漏りを直すといって屋根から落ちたふりをしたり、事故死を装って、遺族が保険金を受け取れるようにするという。彼らは、怨念の声も怨嗟の声も出せずに、密かに命を絶つのだ。

厚生労働省の調査では、二〇〇三年に自殺した者は、過去最多の三万二千人であったというが、人知れず命を絶った彼らは、この統計数値にも入らない。

日本経済を再生・活性化しなければ、こうした悲惨な不幸が延々と続くことになる。こうした事態を解決する力が「会計」にある、といったら驚かれるであろうか。少しこの話をしたい。

一国の経済を左右する「会計」

企業が躍動的なこととか企業が死に際にあるということは、会計とは関係がない、という人たちがいる。とんでもない誤解である。企業の生き死にを決めるのは、他でもない、会計なのだ。

関岡英之氏はいう、「会計基準は企業の業績や株価に影響を与える重要なルールである。企業の生殺与奪の権を握り、一国の経済を左右するといっても過言ではない。」と（関岡英之、二〇〇四年、九三頁)。

会計が企業の業績を左右し、株価を左右し、もって一国の経済を左右するとしたら、今の日本経済も、多かれ少なかれ、いや多分に、会計が左右しているのである。第3章で述べたように、日本の企業はこれまで、時価会計、連結決算、退職給付会計などの新しい基準の影響を最小にするために、リストラをやり、経費を削減し、研究所や子会社を売却し、持ち合い株を売り払い、あらゆる手を尽くしてわが社を守ってきた。ところが、そうしたミクロ(個別企業)の努力が「合成の誤謬」を生み、マクロとしての日本経済を疲弊させてきたのである。

いずれの企業もリストラをやり経費の削減を図れば、いままでの取引先や競争企業もリストラをやり経費の削減に走る。国中の企業がリストラと経費削減に奔走すれば、失業者が世にあふれ、購買力を失い、買い手のいない消費市場は活気を失い、経済全体が失速する。

株価の下落に恐れをなした銀行が事業会社の株を売り、売られた事業会社が銀行株を売り返す。いままで系列などでグループとして活動してきた会社も、株価の下落が本業の儲けを吹き飛ばしかねないとして、取引先やグループ企業の株を売る。売られた会社は、今度は相手に気兼ねなく売り返す。

株価の下落という直撃弾を受けた年金基金が「代行返上」するために、保有してきた大量の株を市場に放出している。株価が上昇する局面を迎えると、売られるのだ。これでは、いつまでたっても株式市場は正常化しない。

そういうことをいうと、株式市場は危機的状況を脱し、今では正常に機能している、と批判される。しかし、過去三年間ほどの株価推移を見ても、未だに小泉内閣が発足した当時の株価水準に達したことはない。

金融論の菊池英博教授は、次のようにいう。

「過去三年間の推移を直視すると、株価は小泉内閣成立後に一万五〇〇〇円から七六〇〇円まで下落し（時価喪失一五〇兆円）、二〇〇三年五月、りそな銀行への公的資金注入（株主責任を取らせない不公平なもの）を契機として、外資による円高狙いの買いによって上昇し、ようやく一万一〇〇〇円前後に戻したに過ぎない。」（菊池英博、二〇〇四年六月、七頁）

今の日本は、株式の売却による損切りという、ミクロ（個別企業）が最善と考える会計政策が、マクロ（国の経済）にとって最悪の危機を招いているのである。

この危機的な状況の時に、こともあろうに、減損会計を適用するというのだ。このデフレ・不況に苦しんでいるさなかに、多くの企業に巨額の損失を計上させるのが、減損会計である。この時期に減損会計を強制することは、デフレ・不況を強化するだけである。

経済に及ぼす減損会計の影響は、有価証券時価評価の比ではない。国際証券の試算では、非上場を含む国内企業の「土地含み損」は、二〇〇一年度末で、八一兆五千億円で、前年より七％強拡大したという（日本経済新聞、二〇〇二年七月四日号）。それから二年半が過ぎている。同率で含み損が拡大していれば、そろそろ一〇〇兆円になる。

また別の推計では、減損基準が適用されると、不動産業界で四〇兆円、製造業で四〇兆円の損失が出るという（読売新聞、二〇〇三年三月一七日）。上場会社が持っているゴルフ場だけでも、六〇〇〇億円の含み損があるという（日本経済新聞、二〇〇二年八月三〇日）。

この数値に建設業界が入っているかどうか不明であるが、もし入っていなければ、建設業界の抱える含み損も巨額である。さらには、わが国の流通業界も巨額の不動産を抱え込んでいる。この、不動産、建設、流通の三業種は不動産投資が巨額だというだけではなく、非常にたくさんの従業員を抱えている。破綻の連鎖が起きれば、大量の失業者が生まれることは間違いない。

「減損会計でほくそ笑むのはハゲタカ・ファンドだけ」

関岡英之氏はいう。「かれら（不動産、建設、流通の三業界）は時限爆弾をかかえながら、必死になって日本の雇用を支えているのだ。更に、減損会計の導入は避けられないと見越した企業が、含み損を抱えた不動産を損切り売却する行動に出ると、それがまた地価を下落させ、企業の含み損をさらに拡大する、という悪夢のようなスパイラルに日本経済が陥る危険性がある。」（関岡英之、二〇〇四年、一一一－一一二頁）

話を元に戻す。日本経済を弱体化させ、デフレを招いた主因が会計（他にも要因が無かったわけではないが）にあるとすれば、経済を再生・活性化するには、経済破綻の主因であった新しい会計基準を止めることである。なかでも、時価会計の基準を止めるならば、持ち合い株を売却しあうことも不必要になり、証券市場の復活につながるであろう(1)。企業の決算も期末の株価次第で損益が逆転することもなくなる。

経営者も、期末の株価次第で本業の利益が吹き飛ぶようなことでは、本業に身が入らないし、従業員も、汗水流して稼いだ利益が期末の株価で帳消しになるような会計では、やる気が起きないであろう。時価会計を止めるならば、経営者も従業員も、本業に本腰を入れることができるのだ。

日本経済を活性化する力が会計にある、といったのは、こうしたことだったのである。時価会計を止めるだけでも、これだけの効果が期待できる。

時価会計や退職給付会計が、日本の企業経営と日本経済を疲弊させてきたことを考えると、日本経済が未だ「集中治療室」にいるときに、減損会計を適用すればどうなるか。想像するだけでも恐ろしい。

保守的経理の限度

V字回復の手として使われたアメリカの減損会計

減損会計の火種もアメリカであった。そのことについては、第1章で詳しく紹介した。要するに、アメリカには減損会計の基準があるが、その基準が設定される前から、盛んに減損処理が使われていた。しかし、日本の事情とは違う。

アメリカの減損会計は、しばしば、一期目に大きな損失を計上し、二期目にV字回復を演出する手段として、あるいは、経営者報酬を手に入れる手段として使われてきた。一期目に過度の減損（評価損）を出し、翌期にその資産を売却すれば、いとも簡単に利益（計算上に過ぎないが）をひねり出せる。

償却性資産（建物、工場、機械などの減価償却の対象となる資産）を減損処理すれば、翌期からの減価償却費は少なくなり、利益を大きく報告することができる。こうしたメリットに気が付いて、減損処理した企業も多い。

こうした減損処理による利益操作を止めさせるために設定されたのが、アメリカの減損会計基準なのである。

過度の保守主義――木を見て森を見ず

減損会計は、発生したと考えられる損失を認識するという点で保守的な経理であり、それなりに会計処理としての合理性があるが、問題はいくつかある。

一つは、過度の保守主義にならないかという点である。

事業はトータルな成果としての利益を追求するのであり、そのためには、全国展開・品揃えなどのために、一部で赤字を覚悟の事業展開をすることがある。その赤字事業を捉えて損失を計上することになれば、どの企業も「いいとこ取り」しかできなくなるし、全国隅々まで同じサービスを提供することを止めざるを得ないことにもなりかねない。

土地や建物も、一つの企業体が所有しているものは、トータルな経営資源として保有されている(バブル期の不動産投資のように、当てはまらないものもあるが)。それを一つ一つ切り離して個別に売却していくらになるかを考えるのは、「清算会計」である。「継続事業(ゴーイング・コンサーン)の会計」ではない。こうしたことを考えると、すべての固定資産に減損会計を適用するというのは、会計の伝統である保守的経理の限度を超えているのではなかろうか。

第二の点は、対象とする土地や建物の時価が客観的に測定できるのであれば、保有するすべての不動産の含み損益を通算して、ネットの損益を認識したほうが筋が通るのではないか、ということである。先年の「土地の再評価」は、こうした損益を相殺してネットの額を計上している。「土地の再評価」のときはできて、「減損会計」のときはできない、ということはないであろう。ただし、そうしたことをすれば、有価証券の時価評価が抱える不合理と同じ問題が発生する。

DCF（割引現在価値法）を使う

第三点は、減損の測定に割引現在価値法（discounted cash flow:DCF）を使うことである。DCF法は、国土交通省が二〇〇三年に改訂した「不動産鑑定評価基準」においても採用されている方法で、不動産の価値を評価する際に、将来の賃料などのキャッシュ・フローを重視する。デフレ・不況が進行する時期にこの方法を使えば、将来の収入は次第に減少すると見込まざるを得ない。この方法によって資産の評価を行うことは、デフレ期であれば、将来の見込み損失を前倒しで計上することになる。DCF法をデフレ・不況期に使うのは、日本経済の自殺行為に近い。

タイミング・中小への適用・税務処理――いずれも難題

減損会計は、さらに、わが国に特有の問題が三つある。一つは、タイミングの問題であり、二つ目は中小企業への適用問題であり、さらにもう一つは、減損損失の税務処理の問題である。

デフレ・不況の足を引っ張る減損会計

タイミングの問題とは、現今のデフレ・不況の時期に減損会計を導入することの是非である。このデフレの時期に国を挙げて巨額の損失を計上すると、企業経営はさらに悪化し、デフレの足をさらに引っ張る可能性が高い。

減損処理がいかに「会計的に正しい」としても、やるべきタイミングというものがあり、やるにはそれなりの下準備なり環境整備が必要なのではないであろうか。少なくとも、現在のわが国経済界は、減損処理をそのまま受け入れるには疲弊しすぎている。これでは、手術を受けるだけの体力のない重病人に、大がかりな外科手術を施すようなものである。

この、タイミングの問題や国家経済への影響の問題は、会計基準を作っている人たちには、ほとんど関心がないらしい。彼らの関心は、ただただ「会計的に正しい」ことを実行することにあるようである。しかし、第3章で述べたように、「会計的に正しい」というのは、ものごとを見る一つの視点でしかない。「会計的に正しい」ことが、「法的に正しくない」とか、「経済政策として正しくない」、「社会通念から見て正しくない」、「国益・国策という視点から正しくない」というのはいくらでもある。

会計に携わる者は、そこを大きく誤解してきたのではなかろうか。「会計的に正しい」というのは、「子供を産む気がないのにセックスするのは正しくない」とか「環境を破壊するから（自分の）車を運転してはいけない（だけど、他人の車に乗るのは自分が環境破壊していないのでかまわない）」というのと同じくらい、「正しくない」し「自分勝手な主張」であると、私には思えるのである。

減損会計は不良債権を量産する

次に、中小企業への適用問題を検討する。減損会計基準が非上場の中小企業にまで適用されるならば、わが国の中小企業は壊滅的な打撃を受けると予想されるからである。中小企業の資金繰りは、依然として、不動産を担保とした間接金融が中心である。

不動産を減損処理することになれば、バランス・シートと損益計算書がぼろぼろになるだけではなく、銀行が担保価値を認めず、資金を貸さなくなるどころか、資金を引き揚げることになりかねない。担保価値のない物件を担保として貸し出しているとなれば、その貸し出しは銀行にとって不良債権と化す。減損会計を適用すれば、間違いなく、銀行の不良債権は急増する。

IAS《アイエーエス》は「連結財務諸表の作成基準」

企業会計基準委員会の専門委員の説明によれば、減損会計基準は上場会社だけに適用されるという。多分それは、平成一五年六月一三日に企業会計基準委員会が公表した「有価証券の時価評価・強制評価減及び固定資産の減損会計の適用に関する緊急検討の審議結果について」の中で、次のような記述があるからであろうと考えられる。

「当委員会における審議は、主として公開会社及び会計監査人による監査を受ける必要のある企業のための会計基準という観点から行われるものであり、それらに該当しない閉鎖的な中小会社については、商法に準拠している限り、一般に公正妥当と認められる企業会計の基準の限定的な適用もありうる。」

「商法に準拠する限り」といっているが、それでは商法の斟酌規定をどのように解釈するのであろうか。今後、企業会計基準委員会が設定し金融庁長官によってお墨付きを貫った基準は斟酌する必要のないものと考えるのであろうか。

この企業会計基準委員会が書いた一文は、場合によっては、この委員会にとって命取りになるかも知れない。なぜなら、この委員会における審議は「上場会社等」に適用される基準を想定しており、わが国の企業のうち九九％を占める中小企業については「商法会計」でよい、といっているのである。

「主として公開会社」のための会計基準ということであれば、「公開会社が投資家に開示する財務諸表に適用する会計基準」という意味であろう。欧米では、投資家に開示する財務諸表は連結財務諸表だけである。イギリスの会社が例外的に親会社の貸借対照表を開示しているが、アメリカでもドイツでも、投資家に開示する財務諸表といえば連結財務諸表だけである。個別財務諸表は、監督官庁に届け出るのと株主総会で配布されるのみで、一般的な公開はしない。

EU諸国が、域内の上場会社約七〇〇〇社に、二〇〇五年からIAS《アイエーエス》（国際会計基準。現在は、IFRS《イファーズ》、国際財務報告基準という）を適用する予定だというが、ここでも、IASは上場会社の連結財務諸表だけに適用するのであって、個別財務諸表は各国の会社法や会計基準に従って作成される。アニュアル・リポートには個別財務諸表は記載されない。

世界の主要国は、IASを、「連結財務諸表を作成する基準」として使うのである。個別財務諸表にまで適用することはない。ならば、わが国も、国際的な動向やグローバリゼーションを気にして作成した時価会計基準や減損会計基準は、上場会社の連結財務諸表だけに適用すればよいのであって、個別財務諸表にまで適用して、実体経済を破滅に追い込むことはないのではなかろうか。

「民」が「官」を否定できるか

余談ながら、右の「緊急検討」であるが、どういう経緯から緊急検討がなされたかはともかく、時価基準も減損基準も、金融庁企業会計審議会から公表された基準であり、これらは、内閣府令（財務諸表等規則）第一条第二項「金融庁組織令第二四条に規定する企業会計審議会により公表された企業会計の基準は……一般に公正妥当と認められる企業会計の基準に該当するものとする」という一項がある以上、民間団体の企業会計基準委員会がことの是非を審議するというのは、もともとナンセンスであった。

前述したとおり、私もこの委員会に参考人として呼ばれて意見陳述したが、今思えば、それは、まったくの無駄であった。民間の企業会計基準委員会には、政府の企業会計審議会が出した結論をひっくり返せるわけがないのである。一方（審議会）は、発表する文書に法的な裏付けがあり、他方は、民間団体であるから、発表する文書には、それ自体、なんの法的効力もない。あくまでも、民間の基準委員会が作った基準を金融庁長官が「特に公表」すれば、一般に公正妥当と認められる企業会計の基準とされるだけである。後知恵であったが、この委員会には、企業会計審議会が公表した基準を否認する権限はなかった。

もう少しいえば、企業会計審議会で時価会計や減損会計の基準を作成したメンバーが、ほとんどそっくり、民間の企業会計基準委員会にスライドしている。身分は、官と民で違いがあろうが、自分たちが官として作った基準である。いくら、民の立場からとはいえ、自分が書いた基準を否定することはできないであろう。そう考えると、あの「緊急検討」とやらは、単なる「演技」、そういう表現が悪ければ、「儀式」だったのである。

「大企業なら資本」「中小企業なら利益」でよいか

もう一つ、余談であるが、減損処理は実質的な会計処理であり、情報公開とは違う。情報の公開ということであれば、中小企業と大企業に差をつけてもおかしくはない。中小企業には一般の投資家がいないが、大企業には、数多くの投資家がいて、彼らは投資の意思決定のために多種多様な情報を必要としているからである。すなわち、情報の公開ということであれば、中小企業と大企業で開示する情報の種類や精度が変わってもかまわない。しかし、実質的な会計処理（利益の額や資本の金額に影響する処理）となると、そうはいかない。ある項目（例えば、株式払込剰余金）が、大企業の場合は資本とし、中小企業の場合は利益とする、といったことは理に合わない。減損処理も、実質的な会計処理であるから、大企業と中小企業で扱いを変えるというわけにはいかないであろう。

中小企業庁・中小企業政策審議会企業制度部会も、二〇〇三年六月に公表した「中小企業の会計」を改訂し、「現段階では、中小企業に減損会計基準を義務づける必要はない」、との結論を出している。ただし、こちらは、減損処理が実質的な会計処理であることを承知しつつも、中小企業に要求することが不可能・不都合・不適切なことが多々あることを指摘して、「義務づけない」としたのである。

同審議会が減損会計基準を中小企業に適用することを義務づけない理由あるいは減損会計を適用するとしたときの問題点としては、次のようなことが上げられている（中小企業庁中小企業政策審議会企業制度部会「中小企業の会計の質の向上に向けた具体的取り組みに関する報告書」）。原文をアレンジして紹介する。

(1) 手続き上の困難。減損会計を適用するには、減損の兆候、減損損失を認識するかどうかの判定、減損損失の測定といった手続きを踏むことが必要になるが、大半の中小企業では経理部門に多くの人員を割くことが困難で、これら一連の手続きを行うことは事実上不可能ではないか。

(2) 市場価格のない資産の正味売却価額の推定や将来キャッシュ・フローの見積もりは、外部機関による厳正な実査手続きを裏づけとして初めてその信憑《しんぴょう》性が認められる。特に、法定監査を受けない大半の中小企業の場合、任意で監査等のチェックを受けていない限り、回収可能価額の算定の恣《し》意《い》性を排除することは極めて困難であり、かえって計算書類の信頼性を損なう結果につながりかねない。

(3) 「中小企業の会計」が対象としているのは、当面は公開を目指していない中小企業であり、こうした中小企業は一般投資家から資金を集めるわけではなく、そもそも利害関係が限定的で、計算書類のユーザーは金融機関や取引先等に限られている。「減損会計基準」の中小企業への適用が右のような問題をはらんでいることに鑑みると、これらのユーザーは、そこまでの情報提供を求めてはいないものと考えられる。

同報告書は、以上のような理由から「減損会計基準に基づく会計処理は、その採用を義務とする必要はない」との結論を出し、「むしろ、税法も参考にしつつ、物理的減損や機能的減損のみを対象とすると解されてきた従来の商法の枠組みの中で減損額等の判断を行うべき」ことを勧告している。

政府、中小企業庁、金融庁の意向は尊重されるか

報道によれば、政府もまた減損会計基準は「中小企業には義務づけない方針を決めた」という（この件、日本経済新聞、二〇〇四年一月八日号による）。減損会計の適用が免除されるのは、資本金が一億円以下の株式会社と有限会社で、国内で活動する企業二五〇万社のうち二四二万社（九七％弱）が対象になるという。

中小企業庁と金融庁は、中小企業向け融資が円滑に行われるようにする一環として、中小企業会計のあり方を検討してきたが、中小企業に減損会計を適用すれば、固定資産価値の下落で債務超過に陥る企業が相次ぐ恐れがあるとの認識で一致した。金融機関が融資の回収を急ぎ、貸し渋りに動かないようにするため、中小企業には適用しない方針を明確に打ち出し、中小企業や金融機関の不安を取り除く必要があると両庁は判断したという。

中小企業が減損会計の適用から外れれば、金融機関は融資に取り組みやすくなり、不動産価値の下落で中小企業の資産が劣化しても直ちには債務者区分を下げずに済む。中小企業に減損会計

を適用すれば、監査を受ける必要のない企業も、公認会計士などに依頼するなどの対応を考えるであろう。政府のアナウンスは、そうした負担をなくす狙いもあるという。

「減損会計は中小企業には適用しない」――信じられるか

減損会計基準が中小企業には適用されないとする根拠をいろいろ紹介してきた。しかし、これだけの材料がそろっていても、減損会計基準が非上場の中小会社にまったく適用されないというのはいささか信じがたい。中小企業の経営者は、右のような話を信じるであろうか。

昨年から今年にかけて、各地の商工会議所や不動産会社経営者と意見を交換する機会があった。中小企業の経営者の反応は、おしなべて「減損会計が中小企業に適用されないというのは信じがたい」「表向きはそうすることになっても、銀行は遠慮会釈無く減損処理を求めるに決まっている」というものであった。

話は長くなるが、しばらく減損会計が中小企業にも適用されるかどうかの問題を検討する。

商法の「斟酌規定」

第一に、商法第三二条にいう「斟酌規定」の解釈上、新しい会計ルールは「公正ナル会計慣行」を構成するものと考えられるであろうから、減損の基準も商法適用企業（つまり、すべての企業）に、当然に適用されると考えられる。

第二に、減損処理については、商法上「予測スルコト能ハザル減損ガ生ジタルトキハ相当ノ減額ヲ為スコトヲ要ス」（商法第三四条2）という規定がある。

減損基準は、この商法の規定を解釈・敷衍《ふえん》したものという見方もできる（島原宏明、二〇〇三年、一四六頁参照）。

第一の点については、平成一〇年の「商法と企業会計の調整に関する研究会報告（江頭憲治郎座長）」が参考になる。この報告書は、時価会計基準を中小企業にも適用するかどうかを商法サイドと企業会計サイドで検討したものである。そこでは、商法と証券取引法の関係について、次のように述べている。


「（これまでも）公開会社を対象とする証券取引法と非公開会社も対象に含む商法では、要求される情報に差異があるとしても、財産計算及び利益計算は基本的に一致するように調整されてきた。」「斟酌規定の解釈上、企業会計原則は『公正ナル会計慣行』の中心をなすものと解されている。」（この後で、企業会計審議会の、他の答申や意見書も同様に扱われてきたことを指摘している）

時価会計基準の適用については、次のように述べている。

「会社の規模により時価評価の必要性に違いが生じるとは考えられない。したがって、基本的には、すべての会社に同一の評価基準が採用されることが望ましい。」「(しかし)非公開会社……にまで時価評価を強制しなくても、商法の法益の観点から弊害は乏しいのではないかという意見もある。」「証券取引法上の開示において時価評価が強制された公開会社については、商法に時価評価を行う明文規定を置かない場合にも、公正な会計慣行が斟酌されることにより商法上も時価評価を行うこととなると解することが妥当である。」

「(ただし、上の解釈は、非公開会社へは適用されないということではないので)反面、中小会社等に対しては、時価評価を行わないことが直ちに違法となることとならないよう、実務に配慮した検討が進められる必要がある。」

商法が、時価評価の規定を置いたときに、中小企業に対する配慮であったかどうかはわからないが、法律上は時価評価を強制せず、「任意適用」としている。その結果、商法上は、公開会社も時価会計は任意適用で、証券取引法を迂回して時価評価が強制されている。

商法のいう「減損」の範囲

減損会計基準は、時価会計とは少し事情が違う。それは、先にも紹介したように、減損については、商法上「予測スルコト能ハザル減損ガ生ジタルトキハ相当ノ減額ヲ為スコトヲ要ス」(商法第三四条2)という規定があるからである。

これが第二の点である。減損基準は、この商法の規定を解釈・敷衍《ふえん》したものという見方もできるという解釈がある。この解釈によれば、減損会計基準は当然にすべての企業に適用される。

ただし、右に紹介した中小企業庁の報告書に書かれているように、商法の「減損」は、従来から「物理的減損(減価)や機能的減損(減価)のみ」を想定していたのであり、この減損には、資産の収益性の低下とか時価の下落といった、その資産自体の価値(使用価値・利用価値)と関係なく発生した市場価値の下落は含まないと解されてきたのである。

ここで、商法のいう「減損」は、会計上、「予測できない機能的減価」と「予測を超えた物理的(物質的)減価」を指すというのが一般的な理解であろう。わが国の代表的な会計学辞典である『会計学大辞典(第四版)』では、「予測できない機能的減価」と「予測を超えた物質的減価」の説明と会計処理を解説して、次のように述べている。

「予測のむずかしい原因により生じた異常な機能的減価は、臨時償却を通じて過年度損益修

正項目として処理」（『第四版　会計学大辞典』、二三一頁）

「（物質的減価）　使用上の過失や天災、事故などによる固定資産の損傷・破壊は、物質的減価原因ではなく、偶発的減価原因により生ずる固定資産の価値の喪失にほかならない。……偶発的な固定資産の価値の喪失は、それが予測され得ないばかりでなく、経常的な経営活動とは無関係に発生するものなので、減価償却費としてではなく、臨時損失として発生年度に処理されることになる。」（同、九二七頁）

こうした会計処理は、税法でも認めている。税法は、固定資産の上に生じた物的・機能的な減価（減損）は、損金に算入することを認めてきた。しかし、資産の価格変動や収益性の低下による、いわゆる評価損は、長期保有有価証券に適用される強制評価減以外は、認めていない。

右に紹介した会計上の理解や税法の扱いなどを見ると、商法の減損規定は、資産の評価損を想定していないと解釈することができる。

弥永真生教授は、商法学者の多数説を、次のように紹介している。

「通常考えられている『減損』は市場価格の不可逆的な低下、永続的な低下をもたらすようなものであること、『減損』ということばは当該資産自体に生じた事象を意味すると思われることなどから、土地の市場価格の一般的下落の中での個別土地の市場価格の下落は『減損』による下落とは考えられないという見解が多数説のようである。」（弥永真生、二〇〇〇年、一二四頁）

また、弥永教授自身も、商法上の減損規定について、土地の市場価格が下落することを想定した規定ではないとして、次のように述べている。

「商法は、おそらく、物理的減損を主として念頭において、『減損』という語を用いているのであろうが、それは、物理的減損の場合には、減額すべき金額が比較的容易かつ客観的に決定できるからであろう。また、商法の規定ぶりからは、固定資産とはいっても償却性の有形固定資産を固定資産の典型と考えているようにみえるし、公表された立法資料からは土地の市場価格が大幅に下落することは想定されていなかったようである。」（同上、一二五頁）

商法も税法も認めない「減損損失」

資産価格は、いったん下落しても回復することもあり、そうした意味では、評価損は未実現損失なのである。税法も商法も、固定資産については未実現の損失を計上することを認めていないと解されるのである。

また、たとえ法形式上は中小企業に適用されないことになったとしても、実質的に適用されるとする危惧もある。わが国の会計基準には「中小企業へ適用する場合の制限」とか「基準の適用範囲」についての規定はない。仮に、会計基準に「中小企業へは適用しない」と書いてあったとしても、あるいは、商法が改正されて、減損処理については「中小企業へは適用しない」という一項を設けたとしても、例えば、新規の取引先と取引を開始しようとするときや銀行が与信するかどうかを決めるときには、減損処理後の財務諸表を提出することを要求するであろう。そうなれば、実質的には、中小企業にも適用されたと同じことになる。

中小企業に減損会計を適用させないようにするには、減損会計という考え自体が間違いであること、連結財務諸表だけに適用するならまだしも、配当や課税の元になる個別財務諸表に適用するようなものではないことをはっきりさせることが必要である。

日本の土地事情

減損損失は「損金」に非ず

最後の、減損損失の税務処理は深刻な問題である。この問題に入る前に、わが国の土地事情を説明しておきたい。

わが国の土地は、一九九〇年には時価で二四六四兆円であった。それが、連結財務諸表が主たる財務諸表とされる直前の、一九九九年には一六一二兆円にまで落ちている（国土交通省編『平成一三年版　土地白書』による）。この九年の間に、土地の値打ちが八五二兆円も消えて無くなっている。トヨタ自動車（二〇〇四年三月期の総資産八兆八千億円）並の会社が九七社消滅した計算になる。

連結会計基準が導入されたとき、各社は「株主資本利益率（R《アール》O《オー》E《イー》）の悪化を防ぐため」という名目の下、利益の確保に走った。各社は収益・利益を生まない土地・建物や赤字を出している部門（たとえば、運動場、保養所、研究所、社員寮、ミルク補給が必要な子会社など）を大量に処分してきた。グループの経営成績として連結利益が強調されるようになれば、どの会社も、これまでと異なる経営・会計戦略を採るようになる。連結利益に貢献しない部門や子会社を切り捨て、連結資本を極力小さくするために収益力のないセクター（福利厚生施設や研究所など）を売却する。ＲＯＥを高めるためには、できる限り分母の株主資本を小さくするのがよい。

利益を確保するためのリストラ

しかし、資産の処分には限界があり、また、分母を小さくするだけでは十分にＲＯＥを高めることができない。そこで、各社が採った手は、分子の利益を大きくすることであった。時代は、景気が後退する時期である。本業の収益、つまり売上高を増やすことは並大抵のことではない。いきおい、費用を削減して利益をひねり出す、それも、わが国企業にとって聖域ともいうべき人件費の削減によって利益をひねり出し始めたのである。

リストラは、マクロ経済として見れば、消費の低迷と景気の後退を招くという悪影響があったが、ミクロ経済（個別企業の経済）から見ると、利益の確保、企業業績の回復といったメリットがあったのである。

連結会計の導入で、わが国企業が、収益を生まない部門の土地・建物、さらには、その従業員を処分してきたということを書いた。これから、減損会計が導入されると、将来的には収益を生むとして、あるいは、従業員の厚生施設として必要だからとして売却せずにいた土地や建物も、時価（売却時価）か将来収益の現在価値で評価することになる。

従業員の福利厚生施設として購入した運動場、海の家、山の家があったとしよう。運動場も海の家も、社員が使うのは週末のみだから、維持費がかかるだけで収益はないに等しい。社員寮や社宅も同じである。どれもこれも赤字を垂れ流している。しかも、現在の経済状況では、売りたくても売れない。買い手がいないのである。減損会計では、こうした不動産は、ゼロ評価に近いであろう。

今までに、福利厚生のために施設や土地を購入した企業は、今後は減損会計による損失を計上しなければならない。その評価損が、企業が必死になって稼いだ利益（営業利益）を吹き飛ばしてしまいかねない。これでは、働く意欲をなくしてしまう。経営者にしてみても、企業を経営していくために必要な福利厚生施設を所有すると、従業員のためにならないという逆説的な状況に陥るのである。

「富」動産から「負」動産へ

日本経済新聞の記事の中で、「今では、土地は『負』動産」という名文句を見た。ついこの間までは「富」動産の代表といえた土地が、今では、企業にとっても個人にとっても、重荷になっている。

土地の時価は、バブル期から一〇分の一にまで下落している。バブル期に土地に投資した企業には、高値摑みした不動産がある。それらの土地は、営業活動や生産活動にはほとんど活用されていない。なぜなら、わが国の土地は、土地本来の目的で使用されるよりも、値上がりを期待した資産・財産として保有されることが多いからである（野口悠紀雄、一九八九年、二〇頁参照）。わが国では、土地は骨董品と同じで、使わないほうが値が上がったのである。

バブル期に取得した土地は、活用されているものも活用されていないものも、大幅に時価が下がっている。多くは、減損処理の対象となるであろう。バブル期よりも前に取得したとしても、現在のように景気が後退しデフレが進行すると、その不動産から得られる将来収益は減少し続けるであろうし、売ろうとしても高い価格では売れない。買い手がいないのである。いきおい、減損の額が巨額となる。

税法が減損を認めない理由

減損会計基準が適用されると、日本中の企業が保有する固定資産が適用対象となる。上に述べたように、実質的に、中小企業が適用除外されるということはない。となると、二年後には、すべての企業が減損処理を行わざるをえないことになる。

商法の決算上、減損処理をして、減損損失を計上したとしよう。しかし、すでに述べたように、日本の税法は、原則として評価損益を計上することを認めていない。現行の法人税法では、評価損を損金に算入できるのは、投資有価証券に適用される強制評価減の損失だけである。したがって、土地や建物を減損処理しても、税務計算上、その評価損を損金に算入することができない。

ものの値打ちが下がったという場合、いろいろな原因がある。例えば、風水害に遭った、火災により焼失した、地震で建物が倒壊した、こうした物理的な損失が発生した場合は、税法上も損失として認める。物理的な損害の場合は、自然に回復することがないからである。

しかし、時価や評価額が下がったというだけでは、損失として認めない。それは、一つには、時価・評価額が元の額に回復する可能性があるからである。ただしこれは、表向きの理由で、課税当局の本音は、こうした評価損を損失として認めたら、企業の利益が大幅に減少して税収が激減する、それを避けたいということであろう。

税法が評価損を損金に算入することを認めないのであるから、商法決算上、減損損失を計上しても、たとえその結果赤字となっても、減損損失を計上しなければ出たはずの利益には課税される。

株主総会を乗り越えられるか

例えば、減損損失を計上する前の利益が一〇〇億円で、減損損失が一一〇億円であったとしよう。商法決算では、減損損失を差し引いた一〇億円が株主総会で当期損失として報告される。しかしながら、税法では、減損損失を計上する前の一〇〇億円を企業所得として見るので、税率を四〇%とすると、四〇億円の法人税がかかる。

株主総会では、商法上の決算として当期損失が一〇億円であったと報告するであろう。しかし、株主の目には奇異に映る。なぜなら、当期に損失を一〇億円も出しながら、法人税を四〇億円も支払っているのである。株主に、商法と税法の違いを説明して納得してもらうことができるであろうか。

実は、この法人税四〇億円は、やりようによっては支払わなくてもよい。税法は評価損を認めないだけで、実現した損失は損金に算入することを認めている。つまり、減損処理の対象となった固定資産を所有し続けるから評価損を計上することになるのであって、これを売却して、売却損を出せばよいのである。売って売却損が出れば、税法でも損金に算入することを認める。

減損会計は、商法上の処理である。税法上は、減損処理による損失を「損金」とは認めない。商法決算で損失を出しながら、巨額の法人税を支払うというのは、本来は、会計（商法）と税法の考え方の違いからくるものであっても、払わないで済む税は、払わないで済ませるのが経営者の仕事である。

「評価損」から「実現損」へ

となると、減損処理の対象となる固定資産、特に、遊休のまま保有する不動産、海の家、山の家、保養所、社員寮、研究施設、ミルク補給が必要な子会社などは、減損会計基準が適用になる前に、売却してしまうのが得策であろう。経営者として、そうした処分を怠れば、株主総会で、なぜ、売却せずに減損処理をして多額の税金を支払ったのか、詰問されることは目に見えている。

そうなると、減損会計基準が適用される前に、日本中で、値上がりを期待して購入した土地、遊休の固定資産から含み損を抱えた固定資産、将来の収益を期待できない固定資産が、大量に売りに出される。まさに、日本中で不動産の特売会が開かれる。

一部の、体力のある企業は、減損会計が強制適用される前に不動産の売却を加速している。都市未来総合研究所（みずほ信託銀行系のシンクタンク）の調査によれば、東証上場企業などが二〇〇三年度に売却した土地・建物は総額で二兆四〇八七億円、売却益は二九二九億円なのに対して、売却損は一・五倍の四二三三億円であった（朝日新聞、二〇〇四年六月一二日）。

同研究所によれば、損失を覚悟の「損切り」売却は、一九九七年度には全体の四％に過ぎなかったが、二〇〇三年度は、売却物件の三件に一件（三五％）は「損切り」だったという。こうした傾向は、今後ますます強まるであろう。

しかし、現実に売れる不動産は限られている。デフレ・不況の今日、「持たない経営」が賛美される中で、いったい誰が不動産を買うであろうか。買い手がいないと、更に価格が下がる。どれだけ下がれば減損処理が終わるのか。どこか不良債権の処理と同じで、売りたくても売れないので毎期のように、税金を払いながら減損損失を出すということになりかねない。ここでも、ミクロ（個別の企業）が最善と考える行動を取れば取るほど、マクロ（国や地方の経済全体）が破壊されるという「合成の誤謬」を生むのである。

日本の税制では、不動産を子会社に「売り切り」にすれば、つまり、後で買い戻すようなことをしなければ、その売却損は実現損失として認められる。そうなると、減損会計の対象となる不動産、とりわけ、本社や工場の建物・土地などを子会社に売却して、子会社から賃借することにする処理が流行するであろう。

しかしである、そうなったら、親会社のバランス・シートはいかなる財務状態を示すことになるのであろうか。

こうした変則的・異常な事態を避けるためには、税制の手当が必要である。つまり、今回の減損会計基準を適用するにあたって、商法上減損処理した分については税務上も損金算入を認めるといった手当が必要であろう。ただし、現今のような税収が激減しているときには、一層税収が減少するようなことは課税当局が認めないであろう。

そうであれば、減損会計の基準を適用する時期なり、適用方法を再考する必要があるのではなかろうか。今の日本経済界は、外科手術に耐えるだけの体力をもっていない。今、減損会計基準を適用すれば当期利益が何年分も吹き飛んでしまう。それでも、税金を払わなければならない。これでは、踏んだり蹴ったりである。

何でこんなことになったのか。一言でいえば、日本の会計界が、アメリカの「消火」基準に振り回されているからである。「V字回復」を演出するための減損処理を止めさせるために作ったアメリカ基準が、今、日本の経済界を危機的状況に陥れようとしているのである。被害者は誰か、そして、加害者は誰か、明白である。アメリカ会計は、かくして、世界中に、いや、少なくとも、アメリカ信奉者の多い日本に、多大な害悪を流している。

いつから減損会計基準を適用するか

減損会計基準の設定に関与した人たちの話では、この基準の準備に二年九か月かけたという。わが国の会計基準としては設定に異例の長時間をかけているが、アメリカのFASBが減損基準を設定した時は一〇年近い年月を使っている。

時価会計の基準を設定したときもそうであったが、わが国で会計基準を設定するときは、その基準が産業界に与える影響（額）とか、企業決算に与える影響とか、課税や税収に及ぼす影響とか、証券市場や不動産市場に及ぼすインパクトといったことは、まるで調査しない。デスク・ワークだけで、フィールド・ワークなしで基準を作る。「会計的に正しい基準」「企業の実態を明らかにする基準」を作るのであるから、それがどういう影響を持つかなどは関係がない、とでもいうのであろうか。

マクロの発想を欠いた会計基準

第3章で、「会計基準＝ものさし」論、あるいは、「会計基準＝鏡」論とでも呼ぶべき議論を紹介した。「ものさし」論を主張する人たちは、会計基準は企業の実態を測る「ものさし」、企業の実態を映す「鏡」なのだから、その「ものさし」で測られる姿のほうが変化するわけはないし、「鏡」にどういう姿が映るかは基準とは関係がない、というのである。

だからであろうか、わが国では会計基準を作るときに、その基準を適用した結果、企業の経営行動、決算、税務、投資活動、資金調達といったミクロの諸相にどういう影響（良い影響も悪い影響も）があるか、基準を適用すると、個別の産業界（減損会計なら、不動産業、製造業、流通業など）にいかなる影響を与えるか、日本経済全体にいかなる影響を与えるか、税収への影響、証券市場への影響、その結果としての不良債権の増加など、いっさい無視されるのである。

思うに、スタンダード・セッターに、こうしたことを思料できる人材がいないのであろうか。確かに、会計学者にこうしたことを期待してもムリかも知れない（私も、一応は会計学者なのだが）。同じ意味で、会計士の委員も、マクロのレベルで考えろというのは酷なことかも知れない。学者も会計士も、そうしたマクロレベルの訓練や試験は受けていない。

では、企業・産業界を代表して参加している委員に期待したいところであるが、大企業から委員として参加している人は、うかつなことを言えば、あの会社は危ない、などといった風評がたつので、彼らは、ほぼ間違いなく新基準を支持する。

減損会計でも、一部の企業は、強制適用される前に、「わが社は減損であろうが、時価会計であろうが、何でも対応します」といった姿勢を示している。そうした身勝手な姿勢が、いずれ、わが首を絞めるのである。

フィールド・ワークなくして書いた作文

会計基準は、実態や現実を映すためのものだけではなく、現実を変えたり新しいことを始めるために設定することもある。利益操作を止めさせるために基準を厳しくするとか（アメリカの減損基準）、経営者報酬を開示する基準を作って、異常に巨額の報酬を抑制するというのは、その好例である。アメリカのＦＡＳＢ《ファスビー》が設定した時価会計基準（ＦＡＳ一一五号）が、Ｓ＆Ｌ《エスアンドエル》などの金融機関に株式投資をしないように誘導する基準であったことは有名である。

新しい基準が、企業決算というミクロのレベルにとどまらず、日本経済とか産業界全体というマクロにも大きな影響を与えるとすれば、少なくとも、基準を設定する立場の者は、基準が与える様々な影響をミクロとマクロの両面から調査し、場合によっては、激変緩和措置を執るとか、適用を差し控えるとか、基準の内容を変えるとかの配慮をする必要がある。わが国のスタンダード・セッターは、官（企業会計審議会）も民（企業会計基準委員会）も、そうした努力を惜しんできた。

ちょうどそれは、被害のレベルは違うが、フィールド・ワークなしに長崎と広島に原爆を落としたアメリカと同じ罪を犯しているのと変わらない。人間が大勢住む都会に原爆を落として初めて、アメリカはその威力に恐れをなし、二度と使わないのである。

時価会計の基準も、まったくフィールド・ワークなしに作文したために、個々の企業決算（ミクロ）にとどまらず、日本経済（マクロ）を疲弊させ、証券市場に壊滅的な打撃を与えた。そのことに気が付いたのか、当時の基準設定の責任者であった人が、「時価会計基準はやりすぎであった」と述懐していると聞く。もっともっと声を大きくして欲しい。責任者であったのだから。

竹中金融相の「適用延期」論

竹中平蔵経済財政・金融担当相は、減損会計基準の適用開始時期について、「今後の経済動向、日本のあるべき制度、政策について広く議論があり、我々もそれを踏まえてあるべき姿を議論する」と述べ、二〇〇六年三月期からの強制適用を延期する可能性があることを示唆している（日本経済新聞、二〇〇三年三月七日）。

時価会計とか減損会計のように、個々の企業の決算のみならず、日本経済全体に計り知れない影響を与える可能性のあるルールを導入するときは、そのタイミングを慎重に考えなければならない。基準ができたから即適用という話ではない。

基準を、いつから、どの企業に（上場会社だけか、すべての企業か、株式会社だけか、大会社にだけ適用するか、企業集団にだけ、つまり連結財務諸表だけか）適用するかを決めるのは、すぐれて政治的・経済政策的な決定である。国策、国益、公共の利益、産業振興などを十分に考慮して決める必要があろう。竹中金融相には、是非とも、そうした国家運営の視点から、減損会計や時価会計の基準を考えて貫いたいものである。

土地の再評価

最後に、土地の再評価の話を書く。減損会計の痛みを和らげる方法の一つとして、もう一度、土地の再評価を認めるという手が考えられるからである。

土地再評価は、一九九八年に、銀行の自己資本比率を改善してＢＩＳ《ビス》基準をクリアする目的で導入された。「土地の再評価に関する法律」と同法の「施行令」である。その後、一般の事業会社等も利用できるように改正されたが、これを利用できたのは二〇〇二年三月までであった。

土地再評価は、賃貸ビルや工場などの事業用土地を時価によって再評価するもので、土地の含み益と含み損を相殺《そうさい》して、差額（ネットの損益）を、損益計算書ではなく、バランス・シートの資本の部に直接チャージするものである。含み益が多ければ、資本の部に加算し、含み損が多ければ資本の部から減算する。

「含み益」を使うか、温存するか

再評価を選んだ理由

一般の事業会社の場合、この再評価を利用した企業には、二つのタイプがあった。一つは、古い時代に土地を取得した土地に巨額の含み益があり、これを表に出して、株主資本を増強するというものである。もう一つは、バブル期に土地を高攫《たかづか》みした企業が、その後に発生した含み損を処理するために再評価を利用するものである。こちらは、減損会計基準が適用される前に、自己資本を毀損《きそん》することを覚悟に、損失を前倒しで計上しようというものが多かった。

「いまなら、どこの会社も損失を出している。どうせ出すなら、思い切って出せるだけ損失を出し、できれば、ゴーンさんの日産のようにV字回復を演出したい」ということであろうか。アメリカ企業が使った手であるし、効果がテキメンであることは歴史の示す通りである。

土地再評価は、減損会計と違って、含み益と含み損を相殺することができた。含み益が未実現だからという理由で利益として認めず、含み損も未実現損失だから損失として認めない、というのなら論理的には筋が通るが、伝統的な会計では、そうではなく、保守主義の観点から未実現損失を強制的に計上させ、未実現利益の計上は認めないのである。

ところが、土地再評価では、未実現の利益も未実現の損失も共に認め、両者を相殺した差額で計上することを認めるのである。有価証券に適用される時価評価と同じである。ただし、含み益も含み損も認めておきながら、最後の最後に、その差額（ネットの損益）を損益計算書に計上させずに、バランス・シートの資本の部の増減項目としたのである。これも、その他の有価証券の時価評価差額を処理する方法と同じである。

近代会計の良識を無視する会計処理

なぜ、含み「損益」を、損益計算書に計上せずに、貸借対照表に回すのであろうか。

第2章でも述べたように、わが国における近代会計の良識は「すべての損益項目を、必ず、一度だけ、損益計算書に載せる」というものであった。「すべて」「必ず」というのは、損益計算書を迂回して貸借対照表などに損益を計上するような不透明な処理を認めないということであり、「一度だけ」というのは二重計上と非計上を認めないということである。

そうすることで、損益計算書にはすべての損益が計上され、財務諸表の利用者は、損益計算書を「損益」計算書として読むことができる。損益項目を、直接に貸借対照表にチャージするような会計処理を認めない、これが近代会計の良識であった。バランス・シートの利益剰余金には、当期の純損益として損益計算書の末尾に記載された金額だけが加減され、それ以外の項目が加減されることはない。これで、利益剰余金という留保利益のたまりを使った利益操作ができなくなるようにしたのである。

クリーン・サープラス

バランス・シートの利益剰余金が利益操作などに悪用されないということから、こうした会計方式や剰余金を、「クリーン・サープラス」と呼んでいる。サープラス（surplus）というのは、剰余という意味である。

当初、自民党などの案では、銀行が所有する土地を時価評価して、評価益を資本剰余金とする予定であった。BIS基準をクリアするために資本剰余金を増やそうとしたのである。ところが、わが国の商法では、利益の性格を持つ項目を資本剰余金にするには、「その他の資本剰余金」と同じく、いったん当期の利益として損益計算書に計上し、税金を負担して、株主総会の利益処分を経て、資本剰余金に積み立てるしか方法はない。

この法律は一九九八年三月三一日に施行することになっていたが、しかし、それでは、施行後、六月の株主総会まで資本の増強はできない。それまで待っていては、三月末にBIS基準不達成の銀行が出てしまう。

　このＢＩＳ基準不達成の問題を回避するために、右の法律では、土地の再評価差額を、「負債の部」に計上することにしてしまった。これなら、六月の株主総会を待つまでもないというのが理由であった。

　しかし、考えるまでもなく、資産の再評価差額が負債であることを説明できる会計理論はない、はずである。一歩も二歩も譲って、評価益が負債であるとしよう。では、どうして負債が任意計上でよいのか、説明できるであろうか。

　翌年三月の法改正で、この評価差額を資本の部に記載することを認めている。特別の理論展開もなく、学説変更もなく、負債が資本に変わったのである。これもうまく説明がつけられないことである。

含み益の温存

　右に書いたように、この土地再評価は、強制ではなかった。任意の再評価である。各企業は、それぞれの思惑《おもわく》をもって対処したはずである。銀行は、ＢＩＳ基準をクリアするために利用し、事業会社は、資本の部を増強するため、あるいは、将来における減損会計に備えて、これを利用した。

土地の再評価では、企業が保有する土地のうち、特定の土地（例えば、本社の社屋が立っている場所とか、戦前に購入した、含み益が多い土地）だけを選んで再評価するということは認められなかった。その企業が保有する、すべての事業用土地を時価で評価しなければならず、いったん時価評価したなら、その後は、土地の含みを使った決算操作はできなくなる。

そのために、事業会社の中には、土地の再評価を躊躇《ちゅうちょ》したところもあった。土地の含みがたっぷりあって、しかも自己資本が充実している企業にとっては、あえて、今回、土地を再評価する必要はなかった。

いったん再評価すれば、所有する土地の帳簿価額はすべて時価に置き換わるために、その後に景気が後退した場合などに土地を売却して決算を取り繕《つくろ》うこともできなくなる。しかも、土地はさらに価格が下落する様相を呈している。こんな時期に時価評価すれば、後の評価損（減損会計による）が恐ろしい、そう考えた企業も少なくないであろう。また、もしも、土地の再評価をすれば、自己資本が脆弱《ぜいじゃく》な企業・銀行と見られかねない。そう考えて見送った企業は多いと思われる。

日本経済新聞社の調査によれば、土地再評価を実施した企業（金融、新興三市場を除く、単独ベース、二三六七社）の利用は、約二割、四五〇社に上るという（日本経済新聞、二〇〇二年七月四日）。差額として評価益を出した筆頭は、「三菱地所　三九九八億円」、続いて、「三井不動産二一一七億円、三位　近畿日本鉄道　一三二三億円」、逆に、差損を計上した企業は、筆頭が「三井不動産販売　五〇〇億円」、二位「日栄　二〇九億円」、三位「三井ホーム　一七一億円」である（日本経済新聞、二〇〇二年七月四日号）。

適用は連結財務諸表だけにしよう

一部の企業は、「減損会計」を前倒しで実施しようとしている。前倒しで実施している企業には、いくつかのタイプがある。その一つが、土地の再評価によって自己資本を増強した企業で、この再評価差額を使えば、減損損失を吸収できるところである。

多くの企業が損失を出すのであるから、この機会に、大勢の中に紛れ込んで損失を計上し、あわよくば翌期にV字回復を演じようという経営者もいるであろう。そんな経営者ばかりだと、ケインズのいう「合成の誤謬」が起き、日本中が不動産の投げ売りと赤字決算で大混乱に陥る。不動産価格が下落すれば、減損の対象となる資産が増え減損額が拡大するばかりではなく、不動産を担保として貸し付けてあった債権が不良債権化する。

そんな悪夢のような世界を避けるには、減損会計の適用を延期することである。「延期論」を持ち出すと、決まって、多くの論者は、諸外国が日本の会計を信用しなくなる、という。

では、聞きたい。諸外国って、どこの国か。アメリカの会計界はそんなことをいう資格があるだろうか。もう一つ聞きたい、現在日本の企業が作成している財務諸表は諸外国から信用されているのであろうか。

一部では、すでに「レジェンド」問題は解決したといわれている。しかし、「企業会計の国際対応に関する研究会（平松一夫座長）」が出した中間報告では、「レジェンドは依然として消えていない現状にある」ことを指摘している。要するに、現段階でも、日本の企業が公表する財務諸表には「全幅の信頼」は置かれていないのだ。

では、どうすればよいか。諸外国からも信任され、わが国の経済界・産業界、さらには、企業決算に悪影響を与えない方法が一つだけある。それは、国際的な会計基準を積極的に導入するが、それらを適用するのは、国際的な活動をしている企業や国際的に資金調達している企業の「連結財務諸表」だけに限るのである。

個別財務諸表は、商法に定められた伝統的な原価主義会計を適用すればよい。そうすれば、時価会計や減損会計で国中が混乱することもなく、証券市場や不動産市場が機能不全に堕ちることもなく、債務超過の問題も不良債権の問題も発生しなくなる。

「国際会計基準は連結に適用」というのは、ＥＵが採用する方法でもある。国際的な流れとも一致しているではないか。もともと、先進諸国では、財務諸表といえば「連結財務諸表」を指し、一般に公開する財務諸表も連結財務諸表だけである。個々の企業が作成する財務諸表は、その国の会社法や会計基準を適用して作成している。こちらは一般に公開されることはない(2)。

企業決算は、配当や利益処分のような、出資した者が自分たちの意思で決める「私的自治」の話にとどまらず、課税という「公」の世界とも密接につながっている。自国の課税問題を左右する会計基準の設定を、国家の権限が及ばない国際会計基準審議会にゆだねるというような馬鹿なことを各国がするわけがない。EUが、IASを採用するに当たって連結財務諸表だけに適用することにしているのは、EUに帰属する各国にしてみれば、国家として当然のことなのである。「課税の決定権」までも、英米主導のIASBに任せるようなことはしない。

日本も、EUに倣って、新しい会計基準、とりわけ、時価会計、減損会計、企業結合会計については、連結財務諸表だけに適用すればよい。

注

(1)　「持ち合い解消売りは株価を引き下げる」などというと、一部の財務論者や現実を見ないエコノミストから噛みつかれる。ここは、会計学者の言葉では信頼性が低そうなので、「経済アナリスト」を名乗る葉山元氏の言葉を紹介する。

「机上のモデルしか語らないエコノミストたちは、『持ち合いが解消しても、単に株式の保有者が変わるだけで、企業価値は変化しないから、株価も変わらないはず』などと主張する。市場参加者が持ち合い解消におびえるのに目をふさいだ、米国流モダン・ポートフォリオ・セオリー（資産運用理論）の請け売りである。」（葉山　元、二〇〇三年、四八頁）

そういえば、私が新潮社から『時価会計不況』を出版した後、「持ち合い解消売りがあっても、株価には影響しないというのが現代財務論の常識である」といって、暗に、私が不勉強であるとでもいいたげにメールを書いてきた人がいた。そんな「財務論の常識」が世の中で通用するのであれば、私なら、持ち合い解消売りで株価が下がっているときに買いあさり、財務論の常識どおりに株価が元に戻ったときに売って、今頃は、巨万の富を手に入れている、はずである。

未だに、持ち合い解消売りを利用して億万長者になった財務論者やエコノミストがいたということを聞かないのは、どうしてであろうか。

「株の保有者が変わるだけで企業価値は変わらない」などと、どうしていえるのであろうか。ある会社の株を親会社が持っている場合（つまり子会社株式）には、投資家の誰もが

「親会社が健全である限り不安材料はない」と見るであろうし、金融機関が所有している場合は、「万が一の時には金融機関から援助の手が伸びる」と期待することができるであろう。また、取引関係が強い企業同士が持ち合っている場合には、「安定した取引を前提にビジネスしている」ということを推測することができる。それぞれ、それなりに、株価についても安定的と見ることはそれほど不合理ではない。

しかし、金融機関が事業会社の株を売り、売られた事業会社が銀行株を売り返し、取引関係にあった会社が取引相手の株を売却し、売られた会社が相手の株を売り返し、といったことを繰り返せば、右に述べたような、お互いの信頼関係や万が一の時の支援などはとても期待できない。

葉山氏はいう。「金融機関による持ち合い解消の売りは単に、短期的な株式需給の悪化にとどまらないインパクトをはらんでいる。株式持ち合いに込められた、金融機関と企業の双方にとっての長期的に安定した取引関係という、メッセージの崩壊である。持ち合いを背景に、金融機関は企業を安易に破綻させないという前提は崩れた。」(葉山　元、二〇〇三年、四八頁)

こうした前提が崩れただけでも、株価は敏感に反応し、下落してもおかしくはない。

持ち合いが解消されれば、あまたの不安材料が表に出る危険があり、そうなると企業価値そのものが減少してもおかしくはない。

(2) どこの国でも、個別財務諸表（親会社の財務諸表）は、株主総会に提出された後、監督官庁に届け出るが、アニュアル・リポートなどで一般に公開されることはない。一般に公開されるのは連結財務諸表だけである。

個別も連結も公表しているのは、日本とフランスくらいであろう（イギリスでは、親会社の貸借対照表だけが公表される）。日本企業であっても、英文のアニュアル・リポートの中では連結しか公表していない。

第5章　不思議の国の時価会計

日本の時価会計は、不思議だ。含み益を排除するといいながら、売らない限り含みは温存される。評価益を計上しても配当に回せない。評価損が出るとROEが上昇する。時価基準を作っておきながら、国も企業もこぞって「時価評価逃れ」に狂奔する。それもこれも、時価会計そのものが間違いだからだ。

素性が怪しい時価会計基準

時価会計（時価主義）には、いくつもの「不思議」がある。中には、いろいろな説明やら解説が行われている「不思議」もあるが、まったくといっていいほど不可解な「不思議」もある。私はすでに時価会計を批判した本を二冊（田中、二〇〇二年a、二〇〇三年a）も書いているが、それでも書き切れない不思議がある。以下、時価会計の不思議をいくつか紹介しながら、時価会計がいかに筋の通らないものであるかを明らかにする。

時価会計はデフレの強化策

今は、デフレ・不況である。世界の経済史・会計史をひもとくまでもなく、これまで、デフレの時期に時価会計を取った国はない。どこの国の為政者も、デフレ・不況期に時価会計を取ったときの結末をよく承知している。時価会計は、デフレの強化策・促進剤でしかないのである。

そんなことがわかっていながら、わが国は時価会計を続け、今、減損会計を強行しようとしている。企業にとっても、日本経済にとっても、自殺行為なのに、である。不思議といえば、これほど不思議なことはない。

「どこの国も使わない」約束の時価会計基準

時価会計の国際会計基準（ＩＡＳ《アイエーエス》）を作ったとき、「これは、どこの国も使わない」ことを想定して「作文」された節がある。「この基準は、使わないようにしよう」という暗黙の了解があったともいわれている。

公認会計士の西川郁生氏は、時価会計の国際会計基準が、現在の形になるまでの、実に複雑で奇怪な過程を、次のように詳しく紹介している。少し長いが、ＩＡＳの時価会計基準が非常に政治的に作文されたものであることがよくわかるので、紹介したい。

西川氏の一文を紹介する前に、ＩＡＳの時価基準が設定されるに至る時代背景を説明しておく。

ＩＡＳ（現在は国際財務報告基準：ＩＦＲＳ《イファーズ》という）を作成してきたのは、国際会計基準委員会（ＩＡＳＣ《アイアスク》：現在は国際会計基準審議会：ＩＡＳＢ《アイアスビー》という）である。三〇年ほど前に世界の主要国の会計士団体が集まって、各国の会計基準を調和化するためにスタンダードな基準を公表し、それを世界に広めようということを目的としていた。

ＩＡＳＣが活動を始めて四半世紀が経っても、すでに述べたように、ＩＡＳはエスペラント語扱いであった。各国の会計士団体が集まってＩＡＳを設定しても、国際的な通用力も、各国に対する強制力もなかったのである。

ところが、証券監督官の国際組織であるＩＯＳＣＯ《アイオスコ》（証券監督者国際機構）が、一定の基準（コア・スタンダード）が完成すれば、ＩＡＳを「多国籍企業が資金調達する場合の財務諸表作成基準」として認知することを意思表明した。そのために、ＩＡＳは、にわかに基準としての拘束力を持つ可能性が高まった。

このコア・スタンダードの一つとしてＩＯＳＣＯが上げたのが、時価会計の基準であった。時価会計の基準がまとまらなければ、ＩＡＳ全体がＩＯＳＣＯによって承認されることはなかった。他のコア・スタンダードは、あまり各国の間で鋭い意見の対立などがなかったが、時価会計の基準は、国によって環境が違い、考え方や影響が違うことから、簡単にはまとまらなかった。

力ずくで作った時価会計基準三九号

以下、ＩＡＳの時価会計基準が現在の形になるまでの背景を、西川郁生氏の言葉で紹介する。かなりドラマチックなストーリー展開に、「へー、会計基準って、こんな駆け引きで作られるんだ」「時価会計の基準って、ほとんどの国が反対しているんだ」ということを知って驚かれるであろう。それ以上に、「ＩＡＳ三九号って、実務で使えない作文だった」ことを知れば、この三九号とほとんど同じ内容の、わが国の時価会計基準とはいったい何だったのか。なんでこんな時価基準に振り回されているのか、なんで日本がこんな基準を作ったのか、驚きを通り越して、憤りすら感じるであろう。

では、時価会計の国際基準が、いかに「素性の怪しい」ものであるか、とくと読んでいただきたい。

「コア・スタンダードを完成させるプロジェクトで難航したのは、予想されたとおり金融商品の会計処理基準でした。

金融商品の基準自体、プロジェクトの開始は一九八八年にさかのぼります。プロジェクト開始時点からのIASCのアプローチは、金融商品についての包括的基準を作成するというやり方でした。金融商品に含まれる様々な金融資産や金融負債を個別に取り上げるのではなく、また開示・表示基準と会計処理（認識測定基準）を別個にするのではなく、すべてを包括して一つの基準を作成するというものでした（一方、米国では、金融商品の基準は、有価証券の会計処理や貸付金の減損といったテーマ別に、また開示基準から順次会計処理に移行するというアプローチをとっていました）。

起草委員会は九一年にE四〇を公開し、通常より長い九ケ月間公開しました。さらに公開草案に対するコメントを受けて、九三年に再公開草案としてE四八を公表しました。

E四八の公開後、最終的に基準化を決定する理事会において、議論が多く各国で受け入れが困難であるとして、会計処理部分は先送りする案が浮上しました。その結果、比較的議論の少ない開示と表示部分を抽出して基準化することになりました。開示及び表示基準は、IAS第三二号として九五年三月に承認されました。

残された会計処理基準については、それまでの起草委員会メンバーを総入れ替えして、新体制で一から作り直すことになりました。コア・スタンダードの作業企画が公表されたのは、ちょうどそのタイミングでした。

新起草委員会が金融商品の基準完成スケジュールで最初に目指したのは、討議書の公表でした。討議書で論点を整理して世界的な同意が得られれば、基準直前の公開草案段階で大きな対立が避けられるという見通しに立ったアプローチです。討議書は九七年三月に公表されました。

内容的には、金融商品の会計基準において全面時価会計の採用を示唆するものでした。起草委員会の委員長はコメント期間中、主要各国を回って討議書の概要を説明するとともに、直接意見を集約するという手法をとりました。しかし、その結果、基準直前の議論を避けるという趣旨に反して、先進的な処理の方向に反対が続出しました。

各国での反対意見を押し切って議論を進めていくには相当の時間を要しコア・スタンダー

ドの完成計画の中には納めきれない可能性が強まってきました。そのような状況を打開するため、事務総長のブライアン・カーズバーグ卿は、それまでの方向を大きく転換させる提案を行いました。起草委員会での議論を凍結し、コア・スタンダードの完成を優先させるために、金融商品については暫定的に米国基準を取り込んだ基準をＩＡＳとするというものです。その後、理事会において以下の合意がなされました。

① 事務総長の暫定的解決においても、米国基準をそのまま受け入れるのではなく、ＩＡＳ独自の言葉により、また、簡潔な基準を作成する。

② 起草委員会の議論を棚上げするのではなく、一方で、恒久的な基準を作成させるというプロジェクトを起こす。

というものです。その後、恒久的な基準の作成プロジェクトは、各国の基準設定主体とのジョイント・ワーキング・グループ（ＪＷＧ）によって進められています。

暫定基準と位置付けられた基準は、事務局案をもとに九八年六月に公開され（Ｅ六二）、九八年一二月の理事会で承認され、ＩＡＳ三九号として公表されました。（傍線は引用者がつけた）」（西川郁生、二〇〇〇年、二五一―二七頁）

この一文からわかることが、いくつかある。サイドラインを引いた箇所をもう一度目を通して欲しい。

一つは、時価会計の基準は、なかなか「各国の合意に達しない」ものであるということだ。そのために、議論を集約できなかった起草委員を「総入れ替え」もした。異論を持ったり異議を唱える委員を排除するためであろう。しかし、残念なことに、新しいメンバーの委員会でも合意に達しなかった。そうなると、強行突破しかないとばかり、「議論を凍結」し、「基準作りを棚上げ」して、「暫定的」に「アメリカ基準をコピー」することにした。

それまで時価会計基準を検討してきた委員では反対意見が多すぎるとして、委員を総入れ替えして、カーズバーグ事務総長の意向を汲める人物を選び直して委員会を再スタートさせたのである。それでも纏まらないとなると、「議論を凍結」、つまり、問題を棚上げして、アメリカの基準をコピーして、形だけ時価会計基準を作ったのである。これはもう「デュー・プロセス（ルール設定の適正な手続き）」を無視した暴力としかいいようがない。世界中の企業に守らせるという国際ルールが、こんないいかげんなやり方で作られたのだ。ひどい話である。

国際会計基準委員会は、そうまでして時価会計基準を作ったのである。なぜそんなに無理を強行したかというと、表向きは、ＩＯＳＣＯがいう「コア・スタンダード」を完成するためであった。本音のところは、以下に記すように、カーズバーグ等の「私怨晴らし」である。

全面時価会計案九か月間の公開

こうした経緯を持つ基準であるから、ＩＡＳ三九号（時価会計基準）は、国際的な信任や合意を得られることはなかった。この基準は、設定のプロセスからして「どこの国も使わないことを想定」して設定された節がある。

三九号の前文を読むと、これが「暫定基準である」こと、「時価会計を、特定の業種あるいは特定の金融商品・負債に適用することは困難」で、「未実現の損益を（実現した）損益に含めることは広範囲に及ぶ不安があり」「正式基準を作る前に、多くの困難な技術上の問題点を解決する必要がある」ことが指摘されている。要するに、ＩＡＳ三九号は、その前文において、このままでは実務基準とはなりえないことを正直に認めているのである。

では、その後、時価会計基準はどうなったであろうか。三九号は暫定基準として設定された。日本を代表してＩＡＳＢに参加している公認会計士の山田辰巳氏によれば、それは「（新しい）金融資産および金融負債の認識と測定に関する包括的会計基準が作成されれば廃止される性格のものとして位置付けられている」（山田辰巳、二〇〇〇年、一五九頁）という。

ここで「包括的会計基準」と呼んでいるのは、西川氏の一文にでてくる「恒久的な基準」のことであろう。「暫定基準」に対する「正式基準」である。正式基準は、西川氏の一文にあるように、各国の基準設定主体（アメリカならＳＥＣ、イギリスなら産業貿易省）のジョイント・ワーキング・グループ（Joint Working Group of Standard-Setters：ＪＷＧ）によって用意された。

ＪＷＧには、アメリカ、イギリス、カナダ、オーストラリア、フランス、ドイツ、ノルウェー、ニュージーランド、日本の各国における基準設定主体と会計士団体、さらにＩＡＳＣが参加した。日本からは、日本公認会計士協会が参加している。当時の基準設定主体であった企業会計審議会からの参加はない。

ＪＷＧが作成した公開草案『金融商品と類似項目（*Financial Instruments and Similar Items*）』は二〇〇〇年一二月に公表され、九か月の公開期間を設けた。重要な草案だということで、いつもより長い公開期間としている。

昨年（二〇〇三年）公表されたわが国の「企業結合会計基準案」や、「減損会計基準の適用指針案」が、わずか一か月、しかも、大学が夏休みに入って、勉強会も検討会もできない、企業や業界側もお盆休みがあって、意見を集約できないタイミングと期間を狙って公開されたのとは、まるで違う。二つの公開草案を合わせると、この本のスタイルで組むと二〇〇頁にもなる。読んで理解するだけでも一か月はかかりそうだ。ＪＷＧは、各国の意見を調整し、合意に達する基準を作らなければならなかったのだ。わが国の基準設定主体は、他人の意見を聞く必要を感じていないらしい。そんな姿勢のスタンダード・セッター（企業会計審議会および企業会計基準委員会）にコメントを出したところで、まともに取り上げることはないであろう。そう考えてコメントを出さない人がたくさんいたのではなかろうか。

わが国の基準設定主体を弁護するつもりはまったくないが、世間が受け入れそうもない案や議論が噴出して纏まりがつかなくなることが予想される案を出すときは、どこの国でも似たようなことをする。

私は、イギリス会計の研究者であるが、イギリスでも、政府が時価会計を力ずくで導入させようとしたとき、政府の委員会に報告書を出させ、会計界や産業界の意見を聴いている。報告書は、サンディランズ・リポート（The Inflation Accounting Committee, 1975）といい、この本よりも少し大きめのサイズで、三六四頁もあった。提案されている内容は、イギリスではまったく経験したこともなければまともに議論したこともないものであった。

政府は、そうした大部の、誰もが初めて読む内容の、企業の決算や産業界へは計り知れない影響を持つと予想される提案を、わずか、二か月以内に検討して、会計プロフェッションとしての回答を出すように迫ったことがある。

政府の狙いは、会計士団体が公聴会や会員総会を開いたり、会員の意見を照会したり、会社や産業界と協議したり、会計事務所同士が会議を開いて反対意見を取り纏めるような時間的な余裕を与えないことにあったのではなかろうか。

どこの国でも、同じような考えをする人がいるのだ。しかし、お上（政府）がやるのは仕方ないとしても、スタートしたばかりの民間の基準設定主体（企業会計基準委員会）がやることではないのではないか。

こんな暴挙を続ければ、そのうち、この委員会の運営費用を負担している産業界から見放されるおそれがある。運営費用として毎年二億円という税金が国からも出ているが、政治家のなかには、国益や公益に頭が回らない人たちに税金を使わせることに異論を唱える人たちがいる。会計基準を設定する人たちが「資金繰り」に失敗して解散したといったことのないことを祈るばかりである。

世界中から反対された全面時価会計

話を元に戻す。ＪＷＧの基準案はどうなったか。

世界中の先進国の基準設定主体や会計士団体が協力して作成した基準案であったが、ＪＷＧの公開草案は、どこの国からも、まったく相手にされなかった。ＪＷＧが提案したのは金融商品の「全面時価会計」で、保険商品を時価評価し、さらに負債までも時価評価するのである。これではまるで、エンロンやワールドコムの会計（将来利益の前倒し計上）を正当化しようというのと同じである。

わが国からも多くの反対意見が出された。例えば、日本公認会計士協会は、「すべての金融商品を公正価値で評価する技法が十分に確立されていないし、世界各国の資本市場がそれに確実に対応できるほど成熟していない。……包括的な公正価値会計モデルの導入に対しては、社会一般からの幅広いコンセンサスをまだ得られていない」としてＪＷＧの提案に反対している。

経済産業省も、「本公開草案は、比較可能性を重視するあまり……目的適合性を損なうこととなり、企業の経営成績及び財政状況を表すという本来の財務諸表の目的を達成できなくなっている」として、基準案に反対している。他にも、全国銀行協会、生命保険協会、日本損害保険協会などからも、強い反対意見が出されている。

ＪＷＧの提案は、日本だけではなく、世界中から拒否された。結局、ＩＡＳ三九号は、いまだに暫定基準である。「どこの国も採用しない」「実務に使えない」暫定基準が、五年間も「グローバル・スタンダード」として放置されているのである。

アメリカの基準をコピーしたのであれば、実務で使えそうな気がするが、そうではない。後で詳しく述べるが、アメリカの時価会計基準は、「時価評価」を目的としているのではなく、「リスクの高い株式に投資したら時価評価をさせるぞ」という脅しをかけた基準なのである。つまり、「有価証券に投資するなら、リスクの低い債券へ」という誘導基準である。この詳細は後で述べる。

株式への投資には「時価評価というペナルティ」を用意し、「債券に投資すればペナルティなし（原価評価）」という政策的基準をコピーしても、事情が異なる国々では、使いようがない。

そんな基準を、どこをどう間違えたのか、わが国は、国際会計基準はグローバル・スタンダードだということを錦の御旗に、いそいそと、いや嬉々として国内基準にしてしまった。世界中の、どこの国も使わない約束の、しかも、実務では使えない基準を、である（詳しくは、田中　弘、二〇〇三年a、一七四－一七六頁）。

グローバル・スタンダードを参考にしなかった日本

右のような話をすると、「日本の時価会計基準は、ＩＡＳ三九号などを参考にしなかった」と反論する人がいる。現・企業会計基準委員会の副委員長であり、企業会計審議会が時価会計基準を取り纏めたときの臨時委員であった、公認会計士の西川郁生氏である。

私が、「日本の時価会計基準は、ＩＡＳ三九号をまねたものだ」というと、彼は、「日本の金融商品時価会計を議論したのは一九九六－九八年六月。全面時価会計の討議書から方向転換したＩＡＳ三九号が見えてきたのは九八年四月。日本のほうが先行していたので、ＩＡＳをまねようがない」（「週刊東洋経済」二〇〇四年一月三日、四四頁）という。

実は、このやりとりは、二〇〇三年五月九日の、企業会計基準委員会の席でのことである。当日、参考人として出席した私が、「日本の時価会計基準は、ＩＡＳ三九号をモデルとした」という発言をした（詳しくは、http:www.asb.or.jp/j_asbj/impairment_minute_004_press6.pdf）ところ、西川氏は、右のような反論をするのである。

発言を聞いて、私はビックリした。これが本当なら、会計学者の一人として、心臓が止まりそうなくらいショックなことであるが、日本の時価会計基準は国際基準を取り込んだものではなく、国際的な動向を無視して作ったことになる。西川氏によれば、日本の時価会計基準は、世界基準の動向とは関係のない、オリジナルな基準、つまり、ローカル基準だというのである。

時間関係を整理しておく。西川氏がいうように、ＩＡＳ三九号の原案（Ｅ六二）が公表されたのが一九九八年六月、Ｅ六二の方向が見えてきたのはその二か月ほど前。Ｅ六二が公表された同じ六月に、わが国の時価会計基準案（企業会計審議会「金融商品に係る会計基準の設定に関する意見書（公開草案）」）が公表された。ＩＡＳ三九号がＩＡＳＣの理事会で承認されたのが、一九九八年一二月、年が明けて一月に、日本の時価会計基準が企業会計審議会から公表されている。

ＩＡＳと日本で、ほとんど同時に基準設定の作業が進められてきた。西川氏がいうように、日本の基準案を纏めるときには、まだＥ六二はできていなかった。参考にしようにも、ないものは参考にできない。ＩＡＳ三九号が理事会で承認される九八年一二月には日本基準はできあがっていて公表を待つばかりであったから（翌月に公表）、三九号も参考にしていない、ということであろうか。

国際音痴のニッポン

もし、西川氏がいうとおり、IAS三九号も、その公開草案E六二も参考にしていない、時間的に参考にできなかったというのであれば、わが国の時価会計基準は、IASの動向を無視して作ったことになる。わが国はそれほど、国際音痴なのであろうか。

IASが、これまで提案されてきたのとは違う時価会計基準を作る作業を進めているときに、わが国の基準設定機関は、その作業内容を確認することもなく(日本には、IASCの動きを知る手段が、「公開草案」「基準」しかないのであろうか)、わが国の基準を作ったのであろうか。IASの正式基準が理事会で承認されていることを知りながら、その内容を確認することもなく、翌月に日本基準を公表したというのはなぜであろうか。なぜ、国際基準が公表されるのを待って、日本基準を設定しようとしなかったのか、不思議でならない。

企業会計審議会で時価会計基準を審議してきたのは、金融商品部会であった。同部会は、E六二が公表された後の一九九八年九月二五日に、このE六二(三九号の原案)の説明を受けている。西川氏は、この日の会議を欠席していたのかも知れない。議事要旨しか公開されていないので、同部会がE六二をどこまで検討したのかまでは、外部者にはわからない。しかし、E六二が公表されてから、日本が時価会計基準を公表するに至るまでの七か月間に、同部会が四回開催されているが、議事要項を見る限り、E六二を議題とした形跡が残っているのは右の九八年九月の会議だけである（国の公文書公開制度によって議事録が公開されるのは、平成一一年（一九九九年）の秋から）。

とすると、日本が時価会計の基準を作るに当たっては、西川氏のいうように、IAS三九号の審議状況を参考にしていなかったというのが本当なのかも知れない。何せ議題として取り上げたのが、一回だけなのである。しかしそれでは、わが国の金融商品会計の意見書には、「国際的な動向も踏まえ」とあるが、本当は国際的動向を無視して設定したことになるのではなかろうか。

推理に過ぎないが、日本はアメリカの時価会計基準（FAS一一五号）と、IASCが公開したE四〇とE四八という基準案を天秤に掛けて、IAS寄りの基準を考えていたのではなかろうか。しかし、右に述べたような事情から、IASとしてはアメリカ基準をコピーすることになった。そうなれば、日本は、IASCの審議状況などを考慮することなく、アメリカ基準を取り込めばよい。そうすれば、世界に先駆けて、IASの時価会計基準を国内基準に取り込んだ国になれる、と。

そのとおりになった。世界に先駆けて、そして、世界でただ一か国、「どこの国も使わない」約束の、「実務では使えない」基準を、日本だけが基準化したのだ。その結果、日本は時価会計の実験室となり、世界で唯一の「被災国」となった。

イギリス時価会計の経験

IASC（現・IASB）の指揮を執っているのは、かつてのロンドン大学経済学部（LSE）教授であったブライアン・カーズバーグ（B.Carsberg）である。氏は、ロンドン大学出身の会計士（勅許会計士）であったが、母校の教授に迎えられて会計学を教えていた。

一九八〇年代に入って、イギリスが急激なインフレに見舞われたとき、イギリスの会計士協会（日本と違って、主な会計士協会だけでも六つあった）の団体が、インフレを修正する物価変動会計（一般物価水準による修正を行う会計。インフレーション会計ともいう）を提唱した。しかし、インフレーション会計は、企業決算の数値をインフレ修正する方法なので、ある意味では、政府の経済政策を採点するところがある。度を超えたインフレは、政府の失敗と評価される。その失政を、会計が指数化することになるというのである。

当時のイギリスは、卸売物価でみて、一九七三年は三二・四％、七四年は実に四七・六％も上昇している。イギリスの歴史の中で最悪のインフレーションに見舞われていたのである。そんな指数で、バランス・シートや損益数値を修正することを許せば、政府の経済政策が大失敗であったことを認めることになる。さらには、インフレ架空利益へ課税することを止めさせようとする動きやキャピタル・ゲイン課税の見直しを求める議論が台頭する恐れもあった（Cf.C.A.Westwick, 1980, p.358.D.Tweedie and G.Whittington, 1984, p.77. R.Leach, 1981, p.9.）。

イギリス政府は、インフレーション会計の実施にストップをかけ、「一般物価水準といったものは存在しない。あるのは個別価格の変動だけだ」（The Inflation Accounting Committee, 1975, para.45.）として、インフレーション会計に代えて、個々の資産価格の変動を反映した時価会計（カレント・コスト会計）を、強引に制度化した（この間の詳しいことは、田中弘、一九九一年、第九章を参照されたい）。

政府が時価会計を強引に採用させたとき、その理論的バックボーンを提供したのが、エジンバラ大学のスタンプ教授と、ロンドン大学のカーズバーグ教授であった。とはいえ、この二人は仲が良くなかったみたいで、一緒になって時価会計を後押しした形跡はない。

さらにもう二人、学界と会計士業界に席を置く時価主義者が、イギリスの時価会計を後押しした。当時、ブリストル大学の会計学教授であったウィッティントン（G.Whittington）氏と、トムスン・マクリントック会計事務所のリサーチ・パートナーであったトウィーディー（D.Tweedie）氏である。二人も、カーズバーグやスタンプに負けず、強烈な時価主義信奉者であった。二人は、次のようにいう。

「われわれの意見では、一般物価水準変動と時価の変動を反映した会計情報がベストである。……われわれはまた、時価で評価したバランス・シートこそが望ましいと考えている。……物価変動会計として採ってはならないのは、インフレを無視して、歴史的原価をベースとした会計に戻ることである。」(D.Tweedie and G.Whittington, 1984, pp.11−12)

ウィッティントンとトウィーディーについては、後でまた紹介することにして、カーズバーグの話をする。

時価情報は利用されているか

カーズバーグ教授は、当時、イングランド・ウェールズ勅許会計士協会(ICAEW)の調査部長を務めていた。当時の会計基準設定主体であった「会計基準委員会(ASC)」は、彼に、カレント・コスト会計が有用かどうかの調査を依頼している。ASCは、同時に、トム・ネービル(当時、Vickersの財務担当取締役)を責任者とする委員会に、カレント・コスト会計による情報の価値を調査させている。

二つの調査結果は、まるで違った。カーズバーグの調査結果(B.Carsberg and M.Page (eds.), 1984.)は、時価会計情報は広範囲に利用されているというものであったが、ネービル

・リポート（The CCA Monitoring Working Party, 1983.）では、時価会計情報はほとんど利用されていない、というものであった。

二つの調査結果がまったく異なるものであったために、その原因をめぐって憶測が流れ、訴訟事件にまで発展した。Accountancy Age 紙は、一九八三年一一月二四日号で、カーズバーグ・リポートはオリジナルな調査の結論（時価会計情報はほとんど利用されていないという内容であったという）の部分を勝手にねつ造したものであるとして非難した。調査結果の結論の部分だけが、別のタイプライターで打たれているというのである。

カーズバーグは、この非難は根拠のない誹謗《ひぼう》であるとして、逆に同紙を名誉毀損で訴えた。結局、この訴訟は、Accountancy Age 側がカーズバーグに謝罪し、慰謝料を支払って決着している。

インタビューやアンケートによる調査結果は、必ずしも調査対象の現状や本音を伝えない。だから、インタビューの相手に、どのように聞くかによって、得られる回答が変わることもある。カーズバーグ教授も、ロンドン大学の講義の中で、「証券投資をしている人に『会社の財務諸表を読んでいるか』と聞けば、『そんなものは読んでいない』と答える人は少ないはずだ。実際には読まなくても『読んでいる』と答える人が多くても不思議はない」と、調査の難しさを述懐している。

アンケートを受けた人が、インタビューアーに好意を持っていれば、インタビューアーが気に入るような回答をするであろう。インタビューアーも、そのことを承知しているから、好意的な回答をしてくれる人たちにインタビューやアンケートをする。

そうであるとすれば、インタビューとかアンケートの調査結果は、最初から決められていることになる。自分が欲しい回答を出してくれる人を対象に、アンケートやインタビューすればいいのである。

インタビューとかアンケートというのは、本当に知りたいことを調べるためにするものではなく、自分が結論として得たいことを傍証するために行うものだ、随分昔になるが、先輩にそのように教えられたことがある。

二年半で挫折した時価会計

話を元に戻すが、カーズバーグ教授は、上述のように、イギリス時価会計の理論的バックボーンを提供した一人であるが、その後、三年もしない内に、イギリスの時価会計は、産業界からも会計士業界からも見放されて、原価会計に戻ることになる。

カーズバーグ・リポートでは「時価情報は広範囲に利用されている」ことになっていたが、実際には、投資家も経営者も時価情報を使っていなかった。Accountancy Age 紙の非難は必ずしも的はずれではなかったのである。金をかけて時価情報を作成しても、「使えない」ことがわかるにつれて、企業は時価情報を作らなくなり、監査人もそれに同意するようになったのである。イギリスだけではなく、他の英語圏（アメリカ、イギリス、カナダ、オーストラリア、ニュージーランド）でも、政府の介入で、いったんは時価会計を採用するが、数年後には原価会計に戻っている。

英米では、一度設定したルールを無批判に適用し続けるといったことはしない。イギリスの時価会計も、それを適用したとき企業の決算や経済全体にいかなる影響が出るかわからないことから、三年間という期限つきで、いわば、時限立法的な適用をした。その後、予想された結果を生まないことが判明した段階で、時価会計を止めてしまったのである。

結果がどうであれ、日本経済を破滅に追い込むことが目に見えてきても、一度決めた時価会計のルールを変えようとしない日本とは、大違いである。

イギリスだけでなく、英語圏の国々が時価会計を採用したとき、カーズバーグは絶頂期であったであろう。しかし、すべての国が時価会計は間違いであったとして原価会計に戻ったことは、時価会計の理論的バックボーンを提供したカーズバーグにとっては、耐え難い屈辱であったはずである。

その後、カーズバーグは、ブリティッシュ・テレコム（British Telecom）の民営化を指揮する事務局長に選ばれ、ロンドン大学を去った。ちなみに、カーズバーグは、ブリティッシュ・テレコムの民営化に貢献したとして、「サー」の称号を与えられている。

ＩＡＳＣの事務総長になってから、彼は、時価会計の復権のために、奮闘する。舞台は、イギリス会計界から国際会計の世界へと変わったが、彼にしてみれば、時価会計の復権こそが屈辱を晴らす唯一の手段であったはずである。

カーズバーグは、ＩＡＳＣ（現在はＩＦＲＳ）の事務総長という立場であって、一四名から成るＩＡＳＣの理事メンバーではない。事務方の総責任者という立場では基準設定を左右するほどの影響力を持っていないかもしれない。しかし、彼には強力な援軍がいる。それが、前出の、トウィーディー氏と、ウィッティントン氏である。

すでに紹介したように、二人とも、一九八〇年代にイギリスが政府の主導で時価会計を導入しようとしたとき、カーズバーグやスタンプとともに、時価主義を唱道し、理論的バックボーンを提供した人物である。

カーズバーグとトウィーディーの「私怨」を晴らすＩＡＳ三九号

この二人がいま、ＩＡＳＢの理事会に君臨しているのである。トウィーディーは、ＩＡＳＢ理事会の議長として、ウィッティントンはイギリスのリエゾン理事として、カーズバーグとともに時価主義を復活させようとしている。

ＩＡＳＢの話をちょっとだけする。ＩＡＳＢは、ＩＡＳＣの後身であり、国際的に活動する企業が作成する財務諸表、つまり、国際的なマーケットで資金調達する場合に活用される財務諸表に適用される会計基準を作成し、これを世界各国に広めることを目的としている。資本市場を通して資金がグローバルに移動する時代であり、経済取引も高度に国際化・多様化するなかで、国際的に通用する単一の会計基準があることは、各国の企業が作成する財務諸表を比較し、投資の意思決定をする場合に大いに役に立つ。

そうした目的に正面切って異議を唱えるのは難しい。しかし、ＩＡＳＢの理事メンバーを見ると、ＩＡＳＢの「公式目的」とは裏腹に、英米の「唯我独尊」「利益誘導」、そして、さらには、「遺恨晴らし」が透けて見える。

ＩＡＳＢ理事会を構成するメンバーを見て欲しい。異常である。一四名の理事のうち、アメリカの委員が五名、イギリス連邦の委員が五名（イギリスから二名、カナダ、オーストラリア、南アフリカから各一名）、都合、英米で一四名中一〇名を占めている。事務総長もイギリスの時価主義者、理事会の議長もイギリスの時価主義者である。この二人とウィッティントンが、手を携えて、怨念と執念で、「世界中から否認された時価会計」を復活させようとしているのである。

さらにこの三人にとって強い援軍がいる。現ＦＡＳＢ議長のハーツ氏である。ハーツ氏は、カーズバーグがマンチェスター大学にいたときの教え子で、恩師のいう通りに行動しているといわれている。

確かに、大きな資本市場を持つのは、ほとんどが英米で、アジア・アフリカでは、東京市場しかない。しかし、資本市場を持っているからといって、団結して自分たちに都合のいい基準を作って、市場を持たない国々・地区の企業に押しつけるのも考えものだが、時価会計の基準でいうと、世界中から否認された時価論者の「遺恨晴らし」のためにＩＡＳ（ＩＦＲＳ）が決められるというのは、いくらなんでも馬鹿げている。

スタンプ教授はもうこの世にはいないが、一九八〇年代に時価主義を提唱し、自分たちの主張が世界中（本当は英語圏だけであるが）で花開いた直後に、これまた、世界中から徹底的に否認された三人――カーズバーグ、トウィーディー、そして、ウィッティントン――が今、ＩＡＳＢという最高の舞台に立っているのである。自分たちの復権と名誉回復を狙って、時価会計を、それも、バランス・シートの全面的時価会計を、世界中に復活させようと躍起になっている。彼らにしてみたら、「理論以前」の、「名誉回復」と「時価主義の復権」が重要なのだ。

彼らの怨念と執念が、「議論を凍結し」「委員を総入れ替え」までして、「暫定基準」とされようが、「アメリカ基準のコピー」であろうが、ＩＡＳ三九号という時価会計を基準にしてしまったのである。そんな、個人の遺恨を晴らす目的の基準を、グローバル・スタンダードだと勘違いして、いそいそと国内基準に取り込んだのは、悲しいことに、日本であった。

わが国がグローバル・スタンダードだとして取り込んだＩＡＳ三九号は、これほどいかがわしい素性の持ち主なのだ。

「正しい基準」よりも「支持される基準」を

ところで、もう一人の時価論者のスタンプ教授は、イギリスが政府の誘導で時価会計を採用することになったとき、こんなことをいっている。

「会計基準を設定するということは、ポリティカルな活動であり、原則として、何が正しいかということよりも、何が可能か――つまり、何が支持されるか――ということの方が優先される。」(E.Stamp, 1981, p.242.)

彼は、大蔵省の会計問題アドバイザーでもあったので、半ばは、イギリス政府が介入して時価会計を導入したことを弁護したかったのかも知れない。会計プロフェッションが「会計として正しい」として物価変動会計を主張したのに対して、政府に働きかけて時価会計を導入させたのだ。会計基準を設定するということが、いかにポリティカルなことであり、決して「会計から見て正しい」ことをするのではなく、「会計として支持されること」をするのだ、というのである。

皮肉にも、彼が、こう自慢げにいいはなった二年後には、時価会計は産業界と会計界の「支持を失い」、廃止されている。

「やりすぎだった」日本の時価会計

ところで、アメリカの基準は使われているのであろうか。アメリカでは、一般の事業会社は株には投資しないので、事実上、時価会計の基準を適用する対象は生保やS&L（小規模の金融機関）など、ごくわずかである。加えて、アメリカの生保や中小の金融機関は現在では株にほとんど投資しないから、時価基準は適用されても影響はきわめて軽微である（詳細は後で述べる）。適用対象がない以上、基準はないに等しい。

時価基準は作っても、実際に適用する対象がなければ、基準はないと同じである。わが国の会計学者や会計士は、「その国に基準があれば適用対象もある」と誤解している。国際会計基準だからとばかり国内基準を作っても、それを適用する対象がないなら、基準がないのと変わりはない。

日本はそんなことも知らずに、今、時価会計で経済を滅ぼそうとしている。「時価会計」と「グローバル・スタンダード」という二匹の蛇ににらまれて、すくみあがったまま、破滅の時期を待っている。本心をずばり指摘すれば、みんな、誰かが「時価会計は、やめようよ」と言いだすのを待っているのである。

時価基準（金融商品会計基準）を設定した当時の企業会計審議会で責任者を務めた人が、今、内輪では「あの基準はやり過ぎだった」と反省しているという。声を出して欲しいと思う。「やめよう」とか「間違いだった」といえないのであれば、「しばらく停止しよう」でも「デフレが収まるまで様子を見よう」でもいい。ここまで「正体」が見えてきたのであるから、「時価主義を検証しよう」でもいい。日本が世界で唯一の「時価会計の被災国」になる前に、「やめる勇気」を持ちたい。

本章では、時価会計の正体を明らかにするために、時価会計の不思議をいくつか取り上げる。時価会計には数え切れないほどの不思議がある。ここで紹介するのは、ほんの一部に過ぎない。

なぜ、株式を時価評価するのか
——株式投資をさせないための時価基準

S&Lによる原価会計の悪用——塩漬けにされた含み損

わが国では、一九九九（平成一一）年に、企業会計審議会から「金融商品に係る会計基準」が公表されて、二〇〇一年九月から適用されている。この時価会計基準は、IAS第三九号（一九九八年）をモデルとして設定されたものかと思っていたら、実は、IAS三九号を参考にしていない、という。

世界中で、金融商品に関する時価会計基準を持っているのは、アメリカだけであるから、そうなると、日本の時価会計基準はアメリカの会計基準（FAS一一五号）をモデルとして設定されたといえる。本章で取り上げる諸問題は、ほとんどすべて、アメリカの基準を日本に持ち込んだことから生じるものである。

アメリカのFAS一一五号は、実はFASBでは作る予定のなかった基準であった。作る予定はなかったのだけれど、SECに作るようにいわれて作らされた基準である。そのことは、この基準書の前文に、「この基準は、債務証券投資、とりわけ金融機関が保有する債務証券投資の認識と測定に関して、行政当局等が表明した懸念に応えるべく設定されたものである」と、断り書きがあることからもわかる。

なぜ時価会計基準を作らなければならなかったかというと、その前にS&Lの事件があったからである。S&L（貯蓄信用組合などと訳されている）は、日本でいうと、信用組合、信用金庫のような小規模の金融機関であった。事件は、アメリカが規制緩和を進めた時期に起きた。それまでは金利や投資先について強い規制があり、特に株式に投資することはできなかった。それが、規制緩和により、金利は自由化され、株式への投資も自由化された。

S&Lや中小の生保会社は、資金を大量に集めるために高金利の商品を販売して、高金利を支払うために、集めた資金を株に投資したのである。株に投資して値上がりしたらその株を売り、値下がりしたらその株は売らずにおいておくのである。当時は原価主義の時代であるから、含み損を抱えたまま、バランス・シートには原価で記載することができた。しかし、数年もすると、S&Lが保有する株式は含み損を抱えたものばかりになり、結局、それが原因で七〇〇社ものS&Lが破綻した。

アメリカ政府は、一五〇〇億ドル（一ドル一一〇円として、一六・五兆円）という巨額の税金を投入してS&Lの後始末をしなければならなかった。S&Lの事件は、原価主義を悪用した結果であったことから、SECは時価主義に変えて評価損を出さざるを得ないようにしようとした。そうすれば、有価証券のリスク管理ができないような金融機関は有価証券（株式）に投資しなくなるであろうと考えたのである。

「含み損」を吐き出させるための時価基準

ところが、SECは「証券取引」委員会であるから、本来は、証券市場の育成と投資家保護を目的とする。したがって、SECとしては株を買わせないようなルールを作ることはできない。そこで、FASBを動かして、S&Lや生保会社が株を買った時にはそれらを時価評価させ、含み損を表に出させる基準を作らせようとしたのである。狙いは、リスクの高い株式への投資を抑制することにあった。

含み損を吐き出させるためであれば、低価法を強制適用すればよいではないか、とも考えられる。しかし、本来、低価法は棚卸資産に適用する「原価配分法」である。棚卸資産の原価の内、「効用を失った部分」を切り捨て、当期の費用として計上するものである。低価法で時価を使うのは、「効用を失った原価部分」を、時価を「ものさし」として測定するためである。効用を失った部分の測定を、経営者の主観によって決めるよりも、客観的なものさしで決める方がよいとして、時価が使われる。このさい、時価は「残存有用原価」を測定する「ものさし」として使われているのであって、資産の評価基準として使われているわけではない。

英米では、有価証券のような金融資産には低価法を適用する実務はない。そこで、有価証券の含み損を吐き出させるには、「時価評価」しか手はないのである。

しかし、FASBは、有価証券を時価評価する基準を作る予定はないし、かつ、S&Lと生保会社だけをターゲットにした基準を設定することはできないと抵抗した。そうした事情から、FAS一一五号は表向き一般の事業会社も含めて、すべての企業に適用されるように設定された。

なぜ、FASBには時価会計の基準を作る計画がなかったのであろうか。それは、アメリカでは、一般の事業会社が有価証券に投資することはないからである。

なぜアメリカの一般の事業会社が他の会社の株に投資しないかというと、理由は三つくらいある。他の会社の株を買うということは、株主から集めたお金を他の会社の経営者に資金運用を委託することと同じであり、英米流の資本の論理からは許されない。また、株はギャンブル性が強いので、右手で本業をやりながら左手でギャンブルをするというのは株主が許さない。

もう一つは、アメリカのROE経営である。ROEは株主資本利益率で、分母は株主資本（自己資本）、分子は当期利益である。この比率を上げるには、できるだけ資本を小さく利益を大きくすればよい。そこでアメリカの経営者は、できるだけ資本を小さくするために、余裕の資金ができたら他社の株など買わずに、自己株式を買い取って消却してきた。

以上のように、アメリカの事業会社は他の会社の株には投資しない。だから、FAS一一五号が設定されても、アメリカの事業会社には事実上適用されない（迷惑な話だが、アメリカで上場する外国会社には、適用される）。FAS一一五号は、結局、S&Lや保険会社が株式投資した場合に生じる「含み損」を吐き出させるために設定されたものである。時価会計基準といっても、評価益を吐き出させるというより、含み損を抱えた株式を原価のまま塩漬けにさせないことが狙いであった。

なぜ、「その他有価証券」の評価益を資本直入するのか
――「時価主義もどき」を批判しない不思議

有価証券の分類を変えると利益額も変わる？

金融商品会計基準によれば、売買目的有価証券、満期保有目的の債券、子会社株式・関連会社株式以外の有価証券を、「その他有価証券」として一括処理する。

「その他有価証券」の大部分は、企業グループ内の企業同士による持合株式である。取引関係を維持するために保有するケースや、合併や系列化を視野に入れて保有するケースもある。いわ

ゆる、「政策投資有価証券」である。金融商品会計基準では、「市場動向によっては売却を想定している有価証券」も、このグループに含まれるとしている（金融商品意見書、Ⅲ、四、2、(4)①）。

「市場動向によっては売却を想定」するといえば、どのような有価証券でも該当する。「売買目的で保有する有価証券」であっても、「市場動向によっては売却しない」し、「満期保有目的で所有する債券」に分類するものであっても「市場で売却したほうが有利」となれば、売却する。市場で売買される有価証券は、「市場動向」で目的も分類も変わっておかしくはない。金融商品会計基準がこうした条件をつけた以上、財務諸表上の分類は企業の思惑の通りにしてよいといっているのと同じである。

企業の思惑の通りに「表示」することは歓迎すべきことである。しかし、バランス・シートのどこに表示するかによって、評価差額が利益（または損失）となったり、資本の増減項目となったり、差額が無視されたりして、資産や資本や利益の額に変化が生じるのは問題である。以下、評価差額の扱いを検討する。

その他有価証券のうち、市場価格のあるものは、「市場が存在すること等により客観的な価額として時価を把握できるとともに、当該価額により換金・決済等を行うことが可能」（意見書、Ⅲ、㈢）であるとして、時価をもって貸借対照表価額とする。

後段で紹介するように、これまで企業会計審議会は、「投資有価証券」に時価（低価法の適用）を付すことは、企業の財政状態と経営成績を適正に表示する妨げになるという立場を取ってきた（「商法と企業会計原則との調整について」昭和四四年）。会計観が変わったのであろうか、それとも資産観や利益観あるいは資本観が変わったのであろうか。

時価主義もどき

時価評価したときの評価差額であるが、金融商品会計基準は、かなり変則的な処理を求めている。評価差額を、原則として、当期の損益とせず、資本の部に記載することにしているのである。なぜ当期の損益としないのかについて、意見書は、「その他有価証券については、事業遂行上等の必要性から直ちに売買・換金を行うことには制約を伴う要素もあり、評価差額を直ちに当期の損益として処理することは適切ではない」（意見書、Ⅲ、四、2、(4)③）としている。

時価評価を求めるときには、「時価により換金・決済が可能」といって、いかにも即時の負債返済にも使えるようにいいながら、評価差額の取り扱いでは、「直ちに売買・換金を行うことには制約」があるので、当期の損益とはしない、というのである。時価評価はするが、評価益は利益とは認めないというのと同じである。これでは、「灰色の時価主義」あるいは「時価主義もどき」といってもいいのではないであろうか。

会計学会のメンバーは、そのほとんどが時価会計のシンパ（こんな言葉は死語かもしれない。シンパとは英語でsympathizerつまり、共鳴者・支持者のこと）である。時価主義者を名乗る者も少なくないが、時流に遅れないために時価主義の理解者であるフリをする者は数え切れない。そのことは、会計学会の会場に行けばよくわかる。原価主義者の報告会場はガラガラで、時価主義者の報告会場はまるで決起集会のごとき熱気にあふれている。

しかし、どうしてか、今回設定された「時価主義もどき」の基準を批判する者がほとんどいないのである。「不思議の時価主義」の中でも、これほど不思議なことはない。今回の時価基準に満足しているのであろうか。満足しているのであれば、本章が取り上げる七不思議にぜひ答えてもらいたい。

「プラスならバランス・シートへ、マイナスなら損益計算書へ」という不思議

本題に戻る。評価差額を資本の部に記載させるという考えは、評価益が出ることを前提にしているといえる。「その他有価証券」全体の評価差額がマイナスになったときには、何らかの資本項目から控除する形でなければ資本の部には記載できない。この場合の処理については、基準には定めがない。

そうした事態を想定してのことかどうかわからないが、金融商品会計基準では、原則的な処理

（資本の部に記載）に代えて、次のように、評価差額の一部を損益計算書に計上する（例外的処理）ことも認めている。

「時価が取得原価を上回る銘柄に係る評価差額は資本の部に計上し、時価が取得原価を下回る銘柄に係る評価差額は当期の損失として処理する。」（基準、第三、二、4(2)）

簡単にいうと、評価益は資本の部に資本の増加項目として記載し、評価損は損益計算書に損失として記載するというのである。「ある項目が、プラスなら資本の増加、マイナスなら資本の減少」あるいは「ある項目が、プラスなら利益、マイナスなら損失」というのであれば筋が通るが、プラスなら資本（バランス・シートへ）、マイナスなら損失（損益計算書へ）というのは、うまく筋道をつけられるであろうか。

意見書は、「企業会計上、保守主義の観点から、これまで低価法に基づく銘柄別の評価差額の損益計算書への計上が認められてきた。このような考え方を考慮し、時価が取得原価を上回る銘柄の評価差額は資本の部に計上し、時価が取得原価を下回る銘柄の評価差額は損益計算書に計上する方法によることもできることとした」（Ⅲ、四、2、(4)③ロ）としている。

意見書がいいたいことは、こういうことではなかろうか。これまでも有価証券については低価法を銘柄別に適用しており、含み損があるものは評価損を計上し、含み益のあるものは原価評価して、含み益を温存してきた（こうした説明が半分間違いであることは後段で述べる）。そこで、これからも、その他有価証券については、銘柄別に、評価益が出るものと評価損が出るものに分けて、評価益が出るものは原則的な処理（資本の部に計上）、評価損が出るものは低価法と同じ扱い（損失計上）とする。

三段階の実現レベル

基準には書いていないが、基準全体のトーンとして、その他有価証券に係る評価益を「実現」した利益でもなく、「実現可能」な利益でもなく、「実現するかどうか不明」な利益と考えているようである。

基準には、三段階の実現のレベルがある。第一の段階は、「有価証券の含み益は、売却によって『すでに実現』している」というレベルであり、第二の段階は、「売買目的有価証券の含み益は、『いつでも実現可能』だ」というレベルで、第三の段階は、「その他有価証券の含み益は、『いつ実現できるか不明』である」というレベルである。

売れば、いかなる区分の有価証券でも売却益は「実現利益」である。当然に、当期の損益計算書に計上される。まだ売ってもいないけれど、売買目的の有価証券に係る評価益は「実現可能」

として当期の利益に計上される。となると「実現した利益」も「実現可能な利益」も、その期の損益計算に計上される。

ところが、「その他有価証券」に係る評価益は、資本の部に記載するというのであるから、「実現した利益」でもなければ「実現可能な利益」でもない。その他有価証券の評価益を「利益」として性格づけるとすれば、会計的には、「未実現利益」、それも「実現できるかどうか不明な利益」としか説明がつかないであろう。

「未実現の利益」「いつ実現できるか不明な利益」を損益計算書に計上することは弊害が大きい。損益計算書に出さないとすれば、貸借対照表に出すしかない。貸借対照表といっても、負債の部に掲げるわけにはいかない。とすれば、残るのは資本の部である。留保「利益」が資本の部に掲げられるのであるから、評価「益」も資本の部に掲げてもよいということであろうか。

「クリーン・サープラス」という良識

しかし、わが国では、昭和四九(一九七四)年に企業会計原則を修正して以来、損益項目はすべて損益計算書を通して計上することにしてきた。損益計算書を通さずに損益項目を計上することを認めていないのである。

すべての損益項目を損益計算書に計上させるのは、バランス・シートの資本の部をクリーンにしたいからである。損益項目を損益計算書に出さずに、バランス・シートの資本項目（剰余金・積立金）に直接に加減するような会計処理をリザーブ・アカウンティング（積立金会計）というが、こうした会計処理を認めると、企業にとって都合の悪い項目は損益計算書に出さずに、すべてバランス・シートの積立金・剰余金に直接チャージ（損益とせず、積立金等の増減として扱うこと）する実務が横行しかねない。杞憂《きゆう》ではない、日本でもアメリカでも、過去にそういう歴史がある。企業の積立金や剰余金を、こうした目的に使わせないためにも、損益項目はすべて、必ず一度だけは損益計算書を通して計上することにするのである。これを、クリーン・サープラスというのである。

一つだけ例外がある。わが国の銀行にＢＩＳ基準をクリアさせるために、損益計算書を通さずに、土地の再評価差益を貸借対照表に直接、資本の増加項目として計上させた件である。こうした政治介入を除けば、損益計算書を通さずに損益項目を計上することはなかった。金融商品会計基準がこれまでの原則を破るには、それ相応の理屈が必要である。

しかし、金融商品基準は、「その他有価証券については、事業遂行上等の必要性から直ちに売買・換金を行うことには制約を伴う要素もあり、評価差額を直ちに当期の損益として処理することは適切ではない」（意見書）と説明するだけで、要は、損益計算書に出せないから貸借対照表に出すといっているに過ぎない。

後付けの論理

こうしたことを考えると、金融商品基準が定める資本直入方式というのは、「その他有価証券」の評価差額を記載する適当なところがないので、やむなく資本の部に記載するにすぎない。「その他有価証券を時価評価する」という結論が先にあって、後から評価差額の会計処理に困って貸借対照表に記載せざるをえなかったというのが実情であろう。時価主義では貸借対照表をもって企業財産の実態を表示することを狙いとしているといわれるが、評価差額の扱いを見ると、動態論と同じく、貸借対照表は「損益計算書のごみ箱」にされている。

なお、上で、意見書が、「企業会計上、保守主義の観点から、これまで低価法に基づく銘柄別の評価差額の損益計算書への計上が認められてきた」ことを理由に、その他有価証券の評価損を損益計算書に計上することも認めるようになったことを紹介したが、この理由は、ややこじつけにちかい。

企業会計原則は、もともと、投資有価証券に低価法を適用すれば、「企業の財政状態及び経営成績の適正な表示を妨げる」としてきたのである（「商法と企業会計原則との調整について」昭和四四年）。低価法に基づく評価損を損益計算書に計上することが認められてきたのは、流動資産の部に掲げられる有価証券、つまり、売買目的の有価証券だけである。決して、投資有価証券（つまり、その他有価証券）ではないのである。

なぜ、「その他有価証券」は洗い替えされるのか
――処理した損失が生き返り、計上した利益が取り消される不思議

過去の誤りを正すための洗い替え法

「その他有価証券」に分類される有価証券の評価差額は、毎期末の時価と取得原価とを比較して算定する。つまり、「洗い替え法」が採用されている。「売買目的有価証券」には、洗い替えは適用されない。

「洗い替え法」というのは、本来、棚卸資産に適用される低価法の評価損を処理する方法である。どんな方法かというと、期末における棚卸資産の時価が取得原価を下回ったとき、いったん評価損を計上し、損失を損益計算書に計上するが、翌期の期首に、評価損を取り消して、資産価額を元（取得原価）に戻す方法である。

そういう処理をする結果、評価損を計上した期の貸借対照表には棚卸資産が時価で表示され、損益計算書には、取得原価と時価の差額が評価損として計上されるのである。ただし、その評価損は確定したものではなく、次期に入ってから資産価額が上昇すれば取り消されるものである。

つまり、いまだ実現していない損失だと考えるのである。そこで、いったん計上した損失を、次期に入ってから取り消して、資産の価額を元に戻すという処理をする。これが「洗い替え法」である。

この洗い替え法は、現代会計の主流をなす「原価配分の思考」に合わない。原価配分の原則によれば、低価法とは、「資産としての効用を失った原価」を損失として計上するものであり、「効用を失って期間配分された原価」が元に戻ることはない。

シンデレラのバランス・シート

金融商品に適用される洗い替え法でも、いったん損失として期間に配分された原価を次期になってから戻し入れるのである。なぜ、いったん計上した評価損を戻し入れるのであろうか。金融商品の場合、損失だけではなく、いったん計上した評価益（資本に直入される）も、翌期には取り消される。

こんな話である。三月三一日に評価損益を算定してこれを資本に加減する。例外的な処理を取る場合は、評価差益を資本に直入し、評価差損を損益計算書に計上する。三月三一日の、夜の一二時を回ったら、評価差益も評価差損も取り消して、元の原価に戻すというのである。時価で作成されたバランス・シートの寿命は、三月三一日だけになる。まるで、シンデレラのバランス・

シートのようだ。

なぜ、こんな妙なことをするのか。金融商品意見書によれば、「その他有価証券の評価差額は毎期末の時価と取得原価との比較により算定することとの整合性」を取る必要があるからであるという。しかし、「なぜ、評価差額を時価と取得原価を比較して算定するのか」については、説明がない。

評価差額は、期末に、時価と「簿価」（前期末に時価評価して、帳簿価額とした金額）とを比較して算定することだってできる。これなら、各期において発生した時価の変動分を、各期の損益とするので、時価会計にピッタリのような気がする。しかし、金融商品基準は、そうはしない。

なぜ、そうはしないで、いったん計上した評価益や評価損を戻し入れる（取り消す）のであろうか。いくつか理由が考えられるが、意見書の立場を忖度《そんたく》すると、その他有価証券の評価差額が「実現」してもいないし、「実現可能」でもなく、「いつ実現するかわからない」からであろう。

さらにいえば、期末の時価評価によって計上される評価益の一部は、明らかに「実現不能」である。

「実現不能」な評価益

時価評価では、後で述べるように、「売れた有価証券の時価を使って、売れ残った有価証券を評価する」。売買目的の有価証券でもその他有価証券でもよいが、昔、一株について五〇〇円で買った株一〇〇万株を一株一〇〇〇円で売りに出したところ、一万株は買い手が見つかったとしよう。残りの九九万株には買い手が見つからなかった。

時価会計では、この売れ残った九九万株の株式も、一株一〇〇〇円で評価して、一株につき五〇〇円の評価益を出す。しかし、実際には、この九九万株は一〇〇〇円では売れなかったのである。時価会計では、そうした事実を無視して、一本でも売れたら売れた値段でダイコンの山を評価するのである。経済音痴としかいいようがない。

もしも、残りの九九万株が、実際には一株七〇〇円でしか売れないとすると、評価差益として計上した五〇〇円の内三〇〇円は、「実現不可能」ということになる。

「洗い替え法」と「時価法」

「実現」してもいないし、「実現可能」ともいえないうえに、一部が「実現不能」な評価差額を計上するのは弊害が大きいので、弊害を最小限に抑えるために、洗い替え法を採用しているのではなかろうか。洗い替え法を使えば、翌期に時価が反対方向に動けば、当期に計上した評価差額がその分だけ帳消しになる。未実現利益を計上する弊害は、その分、軽減されるのである。

洗い替え法を採用しないとすれば、どうするのであろうか。棚卸資産に適用される低価法では、評価損だけを処理する。洗い替えないとすれば、損益計算書に計上された評価損は、資産に戻すことはしない。戻さない処理を「切り離し法」と呼んでいる。「効用を失った原価を資産価額から切り離す」という意味である。

有価証券に時価主義を適用する場合は、評価損だけではなく評価益も計上する。評価益の場合は「切り離し」とはいえない。そこで、ここでは、便宜上「時価法」と呼ぶことにする。

「時価法」は、いったん計上した評価差額は、取り消さない。評価益も評価損も、実現したものとして扱う。ただし、評価差額の原則的な処理（評価差額を資本直入）を取る場合には、資本の部に記載される「その他有価証券評価差額」が増減するだけで、損益は計上されない。

また、例外的な処理（評価差益は資本直入、評価差損は損失処理）をとる場合には、評価差益は損益として処理されない。したがって、時価法といっても評価益を利益に計上しないのであるから、処理の内容は、切り離し法と同じである。

原則的な処理（資本直入）を取る場合は、洗い替え法でも時価法（実質的には、評価損の切り離し法）でも結果は変わらない。例外的な処理を取るとすれば、時価法（基準は時価法を認めていないことに留意して欲しい）では有価証券に低価法を適用するのと同じになる。この場合、期首貸借対照表では、含み益のある有価証券は原価に戻され、含み損のあった有価証券は時価で（評価損を控除して）記載されることになる。つまり、その他有価証券の評価損は、時価法を取れば「復活」しないのである。基準は、この処理を認めていない。それは、その他有価証券の評価差損を「未実現」のもの、それも、「実現するかどうか不明な利益」と理解しているからであろう。

食べ物に譬えると、「売却によって実現した利益」は、「すでにお腹に入ってしまったバナナ」で、食べて実益を手にした以上、元に戻ることはない。実現可能な利益は、「目の前にあるバナナ」で、いつ食べるかは自分が決めることができる。「実現するかどうか不明な利益」は、「バナナが届いたら食べられるのになー」という期待だけで、バナナを手にしているわけでもなく、バナナを送ってくれる人がいるわけでもない。

時価評価は含み損を作る

別の解釈もある。それは、洗い替えしないと、「含み損を作る」ことになるからである。後でも述べるように、期末の株価というのは、「売れなかった価格」である。一〇〇万株を売りに出して一万株だけは一株一〇〇〇円で売れたとする。期末に売れ残った九九万株は、一株一〇〇〇円で「時価評価」される。しかし、この九九万株は一〇〇〇円では売れなかった、もしかしたら、七〇〇円くらいでなければ売れないのかもしれない。それを、期末に一株一〇〇〇円として評価すれば、時価評価した途端に、一株について三〇〇円の含み損ができる。

つまり、時価評価は、「含み損を作る」のである。翌期首に原価に戻せば、時価評価によって生じる含み損を取り消すことになる。洗い替え法は、時価評価によって生じた含み損を取り消す方法でもある。しかし、売買目的有価証券には洗い替え法が適用されない。したがって、売買目的有価証券の評価益を計上すれば、含み損を作ることになる。

このことは、基準を設定した人たちは、口が裂けてもいえない。いえば、含み益を否定することになり、時価評価を否定することになるからである。

なぜ、損益計算書に計上した評価益を配当してはならないのか
——評価益計上は会計問題、配当は財務問題という不思議

温存される含み益

時価会計になれば含み経営ができなくなるとか、含みの形成ができなくなり経営の透明性が高まると説かれてきた。金融商品会計基準を適用すれば、そうなるのであろうか。

すでに紹介したように、「その他有価証券」に分類されたものは、貸借対照表上は時価評価されるが、その評価差額は、①資本直入するか、②含み益は資本直入し、含み損は当期の損失とし

て処理される。

ただし、②の処理を取る企業はほとんどないという。なぜなら、評価損を計上しても、税務上、この評価損を損金に算入することができないからである。報告利益が減っても税金が減らないなら、この処理を取る意味がないのである（寺澤聡子、二〇〇一年、二八－二九頁参照）。

含み益のある有価証券を「その他有価証券」に分類しておけば、含み益は資本の部に計上され、利益とされない。いつ利益とされるのかといえば、有価証券を売却したときか、流動資産に分類替えしたときである。

すなわち、その他有価証券の含み益は、売却するまでは温存されるのである。利益を出したければ、売却するか、流動資産の区分（売買目的有価証券）に分類替えすればよい。売却する場合は、価格が下落して含み益は減少するかも知れないが、流動資産に分類替えするだけなら市場への影響はないので、含みは減らない。

それでは「流動資産の部に掲げる有価証券」の含み益は、温存できないのであろうか。売買目的有価証券は時価評価され、評価差額は損益計算書に計上される。これが、金融商品基準の扱いである。商法は、この金融商品基準を取りこむために、平成一一年に改正された。この改正が、実に「商法的」というか、「オトナ」なのである。

金融商品基準では、売買目的有価証券を強制的に時価評価して、その評価差額を当期の損益とし、その他有価証券の評価差額は資本の部に計上することにしている。商法は、こうした扱いが、『企業会計サイドにおいて適切なものとして認めたものである以上、商法上は、『公正ナル会計慣行』を通じて、同様の処理を適法であると認める立場をとるに至った』（武田隆二、二〇〇二年、四六二頁）といわれている。しかし、商法は、会計基準が指示する処理を「適法」としても、「適切」なものとはみていない。

具体的な規定を見ると、商法本体では、「市場価格アル社債」と「市場価格アル株式」を時価で評価することを認め（第二八五条ノ五第二項および同条ノ六第二項）、さらに評価差額についでは、商法計算書類等規則第三四条第三項において、次のように表示することが指示されている（現在は、商法施行規則第六九条第三項。以下の条文は、商法施行規則による）。

「資産につき時価を付すものとした場合には、その資産の評価差額金（当期利益又は当期損失として計上したものを除く。）は、……資本の部に別に株式等評価差額金の部を設けて記載し、又は記録しなければならない。」

かくして商法上も、金融商品基準が定めるような会計処理と表示ができるようになったのである。売買目的有価証券の含み益を損益計算書に計上することもできるようになった。

「あめ玉」だといって「ビー玉」をしゃぶらせる

しかし、商法は、二つの点で自己主張した。一つは、会計基準が評価損益の計上を「強制」したのに対して、商法は「任意」としたことである。これで、会計サイドの主張をほぼ退けたといえる。

もう一点は、ネット（評価差益と差損の通算）で評価差益が出ても、それを配当することは認めないとしたのである（商法第二九〇条第一項第六号）。持ち合い株（その他有価証券）の評価益だけではなく、時価主義者が百パーセント利益だと主張している「売買目的有価証券の評価益」も、配当可能利益からはずしたのである。

商法が「オトナ」だといったのは、このことである。会計の主張（強制的時価評価による利益の計上）を表向き認めておきながら、実質（評価差額を任意計上としたことと評価差益を利益として否認したこと）のところで拒否したのである。会計のいうことをやんわりと受け入れたような顔をして、「時価評価したいならしてもいいけど、でも、評価益なんていうのは利益ではないよ。配当はダメです」というのである。

皮肉っぽい言い方をすれば、会計があめ玉（利益）だと主張しているものを、商法はビー玉（架空利益）だといっているようなものである。とすると、いまの時価会計は、投資家に、有価証券の評価益は「あめ玉」だといって、実は、「ビー玉」をしゃぶらせているようなものかも知れない。

なぜ、「売買目的有価証券」の評価益だけ課税されるのか
――配当はできないけれど課税される利益の不思議

右に書いたように、売買目的の有価証券は、評価益を計上しても、その利益は配当できない。ところが、この評価益は課税されるのである。なぜ、配当もできない利益に課税するのであろうか。

わが国の法人税法は確定決算主義を採用しており、基本的には、商法の定めに従って計算した配当可能利益をもって課税所得とする。法人税法は、税収の確保とか特定産業の振興などを目的として、商法上の利益を一部修正して課税所得とすることもある。では、売買目的有価証券の評価益は、どういうことから課税されるのであろうか。

売買目的有価証券の含み益は、金融商品会計基準では当期の利益として損益計算書に計上する。商法では、そうして計上する評価益は不確実な、あるいは、配当財源として不適切なものだと考えて、配当可能利益には含めないこととしている。

商法が利益（配当可能利益）と認めない項目を課税所得として認定するには、それなりに強い根拠があるはずである。しかし、売買目的有価証券の評価益については、そうした話ではないように思われる。私の推理では、原価法と低価法の選択適用から時価法に切り替わることによる税収の減少を防ぐためである。このことについて、私の推理するところを紹介する。

税収減を防ぐための評価益課税

従来、企業会計原則も商法も、取引所の相場のある有価証券には、子会社株式を除いて、原価法と低価法の選択適用を認めてきた。低価法を採用する企業は、時価の下落に伴って生じる評価損を計上して、課税所得を少なくしてきた。原価法を取る企業は、時価が下落しても評価損を計上しないで、税を負担してきた。時価評価に切り替わると、低価法を取ってきた企業は今までどおり評価損を計上するが、原価法を取ってきた企業は、今後は時価下落による評価損を出すようになる。その分、税収は減少する。

この税収減を防ぐためには、評価損の損金算入を認めないことにすればよいのであるが、そうすると低価法を取ってきた企業との公平が取れなくなる。そこで、税収減を補うために、評価益が出る場合には課税の対象とするのである。

こうでも考えなければ、商法が利益（配当可能利益）として認めないものを法人税法が課税対象とする理由が見つからない。もちろん、お断りしたように、これは私の推理でしかない。これとは別の理由なり根拠があるというのであれば、ぜひ、ご教示いただきたい。

なぜ、子会社株式は時価評価しないのか
——財務論の常識を無視する不思議

上場子会社は親会社の箔

金融商品基準によれば、子会社株式や関連会社株式はすべて、取得原価をもって貸借対照表価額とすることになっている。子会社株式の時価が分からないからということではない。

英米では、子会社が必要とする資本は親会社が用意するが、わが国では子会社を上場して、証券市場を通して子会社の資本を集めることが多い。

例えば、イトーヨーカ堂はセブン-イレブン・ジャパンやデニーズジャパンを上場し、日立製作所は日立金属、日立電線、日立マクセル、日立建機などを上場している。

英米流の資本の論理からすれば、子会社を上場して親会社以外の資本を導入するなどということは論外であるが、わが国では、子会社を上場させると、親会社の箔がつくと考えているようで

ある。

このように子会社を上場している会社も少なくない。しかし、金融商品基準では、時価がわかるかどうかに関係なく、子会社株式は取得原価で評価するとしている。

上場子会社への投資は株式投資ではない？

なぜであろうか。金融商品意見書は、その理由として、子会社株式は事業への投資と同じなので、子会社の株価が変動してもそれは財務活動の成果とは考えないからだ、としている。関連会社株式についても、事業への投資と同様の会計処理をすることが適当だとしている（意見書、Ⅲ、四、2、(3)①②）。

これだけでは話が見えないかもしれない。意見書のいわんとするところを私なりに敷衍《ふえん》していえば、こういうことであろうか。

子会社等への投資は株式投資ではなく事業への投資であり、本質的には工場を新設することと同じである。したがって、この工場の時価が変動しても財務活動の成果ではなく、時価評価の対象としない、と。工場への投資から得られる成果は、工場の稼動によって得られる成果であり、それと同じく、子会社への投資の成果は「子会社からの配当」として受け取るものをいう、と。

もしも意見書の内容をこのように解釈して間違いないとすれば、意見書の考えは、現代の投資の理論からかなりかけ離れている。投資の理論からすれば、ある投資の収益は、インカム・ゲイン（投資期間中の利益と利息受取額）とキャピタル・ゲイン（投資の売却益。評価益は未実現キャピタル・ゲイン）の合計をさすのである。

今、A社の株を五〇〇円で取得したところ、一年間に五〇円の配当を受け取ったとする。これは、インカム・ゲイン（配当や利子の収入）である。インカム・ゲインとは、投資の本体（ストック）から派生して生じる利得であり、本体から切り離しても本体そのものには価値の減少が生じないものをいう。このA社株を、次期に六〇〇円で売却したとすると、一〇〇円のキャピタル・ゲイン（資産の売却益）が手に入る。

このケースでは、五〇円は事業投資の利益、一〇〇円は証券投資の利益である。投資する者は両方の利益を狙って投資するし、また、両方の利益を享受することができる。ところが、金融商品基準は、インカム・ゲイン（事業の利益）だけを認識し、キャピタル・ゲイン（投資の利益）を無視するのである。会計的には説明がつけられても、投資理論とか財務論の世界から見ると、かなり奇異なのではなかろうか。

子会社株式を再評価しない理由

かねてより子会社株式には低価法が適用されていない。金融商品基準が適用された後も、商法上の個別財務諸表では有価証券に低価法が適用されることもあるので、なぜ、子会社株式には低価法が適用されないのかを述べておきたい。

企業会計審議会は、昭和四四年（一九六九年）に企業会計原則を改正したとき、商法に、「子会社株式に対しては低価法の適用を認めない規定を置く」ことを要望して、次のようなことを述べている。文中、「従属会社」というのは「子会社」のことである。傍線は、著者がつけた。

「投資有価証券は、投資目的で長期にわたつて保有される資産であるから、換金処分を予定する一時所有の有価証券のように時価を考慮した貸借対照表価額を付することは妥当ではなく、かえつて企業の財政状態及び経営成績の適正な表示を妨げる結果となる。したがつて、投資有価証券については、取引所の相場のあるものであつても、低価法の適用を認めるべきではない。

商法としては、従来、投資有価証券の範囲が必ずしも明確でないという理由から、有価証券の評価方法を取引所の相場の有無によつて区別している。今回の修正案においては、投資有価証券一般については商法と同様に取り扱うこととしたが、このうち従属会社株式は、支配従属関係を維持するための典型的な投資有価証券であり、かつ、そのことが外形上も明確であるので、投資有価証券本来の評価原則を適用し、低価法を認めないこととした。……商法として所要の措置をとるべきであると考えられる。」(「商法と企業会計原則との調整について」)

傍線部では「投資有価証券のように換金処分を予定していないものを時価で貸借対照表に記載することは、財政状態と経営成績の適正な表示を妨げる」といっている。子会社株式に低価法を適用しないのも、換金処分を予定していないのだから「時価を考慮」する必要はない、というのである。

金融商品会計基準は、こうした見解と真っ向から対立するものである。そのことについては、ここでは問題としないでおく。

子会社への「支配力」と「投資価値」

この当時の一般的な理解では、子会社株式の時価が下落しても、子会社への支配力は減少しないし、子会社株式の資産性も減少しないので、評価減する必要がないのである。

そうであろうか。親会社が見捨てそうな、ぼろぼろの子会社があったとしよう。株式市場では、それを正直に評価して子会社の株価が大幅に下がる。そんなとき、親会社からみて「資産性」に変化はないといえるであろうか。

あるいは、子会社が巨額に上る損害賠償の請求を受け、敗訴すれば間違いなく破綻するし親会社にも大きな被害が及ぶといった場合、親会社としては法的には別会社であることを盾に、子会社を見捨てることもある。そういう状況でも、親会社は子会社に対する「支配力」は失わないであろうが、「子会社への投資価値」も減少しないというのは詭弁に過ぎない。

当時の企業会計原則の考え方を踏襲すれば、投資有価証券を時価で評価するのであれば、子会社株式も時価で評価するのが筋であろう。子会社株式は、投資有価証券の一部なのであるから。

しかし、企業会計原則も金融商品基準も、子会社株式を時価で評価することを認めようとしない。なぜであろうか。

子会社株式を使った利益操作

子会社株式を時価評価の対象とすると、利益操作が可能になるという理由もある。このことは、昭和四四年の企業会計原則改正時にも指摘されていた。

子会社の業績も株価も、親会社の意図でどうにでもなる。子会社の株価を上げたければ、子会社に儲けの大きい取引を回したり、製造原価よりも安く製品を回したり、新製品を独占的に販売させたりして利益を上げさせる。そうすれば、子会社の業績はうなぎ登りに上がり、株価も上昇する。逆に、子会社の業績や株価を下げようとしたら、仕事を回さず、製品を高く売りつけるだけでよい。子会社の株価は、業績の悪化とともに下落する。

このように、子会社の株価は、かなりの程度まで、親会社がコントロールできる。その子会社株式を時価評価の対象にすれば、親会社が利益操作することができるようになる。これを避けるという事情もあって、子会社株式は原価で評価される。これが、昭和四四年改正時の理屈である。

しかし、右に述べたように、「子会社の投資価値」は不変ではない。

なぜ、債券を時価評価しないのか
――理由も知らずにアメリカ基準を真似る不思議

アメリカの金融商品会計基準（FAS一一五）は、有価証券を保有目的に応じて「満期保有証券」「売買目的証券」および「売却可能証券」に分類し、それぞれに異なる会計処理を求めている。すべての有価証券を時価で評価することは求めていない。満期まで保有する債券は、わが国と同じく、時価評価を求めていない。というより、アメリカ基準が時価評価を求めていないことから、わが国も満期保有を予定する債券については原価評価することにしている。

しかし、アメリカ基準が時価評価を求めないのは、「満期までの間の金利変動による価格変動のリスクを認める必要がない」（わが国の金融商品意見書）から原価のままでよいなどといった単純な理由からではない。アメリカ基準でも、できるならば債券を時価評価したいのであるが、時価評価できない事情があるのである。そうした事情を知らずに、わが国では、「満期まで保有すればリスクはない」といったことを理由に原価評価で済ましている。それは、とんでもない誤解である。債券は、「満期まで保有すれば紙くずになる」ことだってあるのだ。

アメリカの時価基準はS&L対策

では、なぜ、アメリカでは満期保有債券を時価評価できないのであろうか。その話をする。この話をするには、アメリカ時価会計基準が成立する背景について紹介する必要がある。

今回の、ＩＡＳ（国際会計基準）を巻き込んだ時価会計は、アメリカのＳ＆Ｌ（貯蓄信用組合という小規模の金融機関）の破綻に端を発している。Ｓ＆Ｌは、含み益のある有価証券だけを売却して利益を出し、含み損のある有価証券は原価で繰り越すということを続けた。その結果、資産の悪化を招き、七〇〇社を超えるＳ＆Ｌが倒産した。原価主義を悪用した結果であったことから、原価主義に批判が集中した。

余談ながら、アメリカでは、わが国と違って、有価証券に低価法を適用するという実務慣行はない。国際的には、低価法は棚卸資産に適用される方法で、有価証券に適用してきたのは、おそらくはわが国だけであった。もしアメリカで、低価法が有価証券にも適用されていたら、多数のS&Lが倒産するという事態にはならなかったであろう。

話を本題に戻す。倒産した多数のS&Lの後始末にアメリカ政府は一五〇〇億ドル（一ドル一一〇円として、十六・五兆円）という巨額の公的資金を投入せざるを得ず、その後、SEC（米国証券取引委員会）を通じて、S&Lや中小保険会社の監督を強化した。

SECは、S&Lや保険会社にリスクの高い有価証券を保有させないためにFASB（財務会計基準審議会）を動かして（実質は、圧力をかけて）、FAS一一五号を設定させたのである。

SECは、本来、証券市場を育成し、証券投資家を保護するための政府機関である。そうした機関である以上、S&Lや保険会社に対して、「リスクが高いから有価証券を買うな」とは口が裂けてもいえない。そこで、FASBを使ったのである。

アメリカの時価基準一一五号は、「リスクの高い有価証券を保有した場合には、時価評価させるぞ」という脅しであった。とりわけ、価格変動の激しい株への投資を抑制することに狙いがあった。その狙い通り、現在は、S&Lも保険会社も株式にはほとんど投資していない。アメリカ基準では、株は時価評価させるのであるが、同じようにリスク性資産である債券については、満期保有を条件に原価評価させている。

保険会社やS&Lが債券を保有するのは、負債側である責任準備金（保険契約者に対する、将来の支払を確実にするために、契約時の予定利率に基づいて積み立てる準備金で、生保の負債の大部分を占める）とのデュレーション・マッチング（保険契約の期間と資産運用の期間を可能な限り一致させること）を図るためであるが、債券が時価評価の対象となれば、長期の債券を保有すると、金利の変動により保険会社の財政状態がきわめて不安定になってしまう。つまり、資産サイドを時価評価するなら、負債サイドも時価評価しないと、借方と貸方の整合性を喪うばかりではなく、貸借対照表が企業の正しい財政状態を表示しなくなる。

債券の価格と責任準備金の現在価値（将来の債務を現在価値に割り引いた金額）は、金利変動に対して同じ方向に動く。例えば、金利が上昇すると債券価格が下落するが、同時に、責任準備金も高い金利で現在価値に割り引くために減少する。つまり、資産（債券）と負債（責任準備金）は、金利変動に対して同じ動きをするのである。

債券を時価評価できないアメリカの「お国事情」

そこで、もし、資産（債券）だけを時価で評価し、負債（責任準備金）を原価評価のままにすれば、借方と貸方のバランスが崩れ、時価会計の観点からすれば負債が過大または過小に計上されることになる。保有する債券が巨額であったり、責任準備金が巨額であったりする場合には、資産側が縮小し負債側が過大計上されるために債務超過という事態も生じうる。

アメリカの生命保険会社が保有する債券は、総資産の七〇％を超えるという。株式運用はせいぜい五％である。株式が時価評価の対象になっても影響は小さいが、債券が時価評価されるならば、金利動向によって資産側は大きく変動する。金利が上昇する局面では、債券価格が大きく下落し、容易に債務超過に陥る。

アメリカの時価基準一一五号が満期保有の区分に入れた債券について時価評価を求めないのは、こうした事情による。生保やS＆Lが債務超過に陥ることを防ぐという政治的な目的があったのである。決して、「満期まで保有する債券にはリスクがないから原価で評価する」ということではない。

なお、わが国の生命保険会社の場合、債券の保有割合は三〇％前後で、アメリカの保険会社に比べると保有割合は小さく、また、国債への投資が大きいことから、債券を時価評価したとしても、アメリカほどの影響は出ない。もちろん、だから債券を時価評価すべし、といっているわけではない。上述のようなアメリカの事情もよく識らずに、アメリカ基準をコピーすることにどれほどの意味があるのかを問題にしているのである。

資産（債券）だけを時価評価するからこうしたことが起きるのであるから、負債（責任準備金）も時価評価すればよいではないか、という主張もある。すでに紹介したJWGも、保険契約にかかる責任準備金を時価で評価することを提案していた。ただし、こうした提案には、各国の保険業界から強い反対があったり、負債の時価評価自体に「パラドックス」があったりして、ことは簡単ではない。「負債評価のパラドックス」については、次節で述べる。

なぜ、負債を時価評価しないのか
――格付けが下がっても原価のままにしておく不思議

負債評価のパラドックス

金融商品基準では、支払手形、買掛金、借入金その他の債務については、原則として債務額をもって貸借対照表価額とし、時価評価は行わない。また、負債に計上される社債については「社債を社債金額よりも低い価額又は高い価額で発行した場合には、当該差額に相当する金額を資産又は負債として計上し、償還期に至るまで毎期一定の方法で償却しなければならない。」としている。資産に掲げられる債券を償却原価法で処理するのと同じ処理をする。つまり、負債は取引価額（原価）で評価し、時価評価はしないのである。

しかし、すでに述べたように、資産サイドを時価評価するなら、負債サイドも時価評価しないと、借方と貸方の整合性を失うばかりか、貸借対照表が正しい財政状態を示さなくなる。とりわけ、時価評価の対象となる資産が多い場合や、生保のようにALM（資産負債のデュレーション・マッチングを図る手法）を取る企業の場合は、負債を取引価額（原価）のままにしておくことは財政状態の表示に重大なひずみをもたらす。

しかし、負債サイドの時価評価は経験が乏しく、確立した理論も測定方法もない。しかも、負債を時価評価すれば、金利が変動したり企業の信用度が変化したときに巨額の評価差損益が発生する。その評価差額が、通常の経済感覚や直感とあわないという「負債評価のパラドックス」問題があり、こうした問題を解決しない限り、負債サイドの時価評価はできない。

例を上げる。ある企業が社債を発行したとしよう。三年後に満期を迎える社債を、一口（一〇〇円について）九七円で、一億口（額面一〇〇億円）発行し、総額で九七億円を手に入れた。発行価額が一口九七円ということは、発行直後に市場で買い戻せば一口九七円、総額で九七億円必要だということである。

ところが、発行した後、何かの事情から、この会社の格付けが下がったとする。発行した社債を市場で買い戻すには、いまでは一口九〇円でよくなったとする。とすれば、発行した社債（負債）を時価で評価すれば、額面が一〇〇億円、発行時の時価九七億円が、期末の時価で九〇億円になり、七億円の評価差益が生じることになる。

会社の信用が低下したにもかかわらず、その会社が発行した社債（負債）の時価が下落したからといって、その評価差額を利益として計上してもよいものであろうか。もしもそれが正しいとすれば、格付けが下がれば下がるほど、負債の評価差益が大きくなり、その会社が破綻する寸前には、負債がほとんど利益になるという、妙なことになる。

こうした説明困難な状況を、「負債評価のパラドックス」という。資産を時価評価することを主張する人は多いが、負債についてはほとんど誰も発言しない。それだけ難題なのである。

負債の評価と企業の返済能力

格付けが下がるような会社は、自社が発行した社債の時価が下がっても買い戻すだけの財力はないかもしれない。そこで、買い戻せないような社債を時価評価するのは非現実的だという人もいる。

上の例で、一口九七円で発行した社債の時価が九〇円になったとしても、すでに九七億円はどこかに使ってしまい、社債を買い戻すには新たに九〇億円の社債を発行するか銀行借り入れをしなければならないが、市場も銀行も資金提供には応じないということであろう。

しかし、金融商品基準では、所有する有価証券を時価評価するかどうかを決めるとき、市場の意向（有価証券を時価で買う意思があるかどうか）あるいは、市場取引の可能性（売れるかどうか）を無視する。市場には買う意思がなくても（売り注文を出しても売れない有価証券があるということ)、売ろうとしても売れなくても、一部の取引で時価がわかれば時価評価するのである。資産サイドをそうするのであれば、負債に関しても市場の意向と関係なく、あるいは、企業の財務力(負債の返済能力)と関係なく、負債サイドも時価評価することを主張すべきであろう。しかし、アメリカの基準にも日本の基準にも、そうした首尾一貫性はない。

社債の格付けが下がるということは、格付け会社が、「この会社は債券の返済可能性が小さくなった」と評価したのである。そんな会社の社債を資産として持っていれば、いくら満期保有の意図で所有していても、リスクフリーというわけにはいかない。満期保有債券は満期まで持っていればリスクはないというけれど、社債を発行した会社が破綻でもすれば、間違いなく紙くずになる。

なぜ、売れた時価で売れ残りの株を評価するのか
——売らずにいたほうが利益が大きくなる不思議

売れ残ったダイコンの時価はいくらか

時価会計の不思議はもっとたくさんある。その一つは、なぜ、時価会計は経済法則を無視する

のか、である。時価会計が経済法則を無視したものであることは、何も「理論」とか「論理」とかいう大げさなものを引っ張り出さなくても説明できる。時価会計の誤りを説明するには、数行もあればよい。

八百屋さんが、朝、店にダイコンを一〇〇本ほど山積みにしたとしよう。とりあえず、値段を二〇〇円として、「新鮮なダイコン、穫りたて　一本二〇〇円」という値札をつけたとする。最初の客が、二〇〇円で一本買って帰った。ところが、その日は、どうしたわけか、ダイコンを買う客はその一人だけで、後は売れなかったとする。

このとき「売れた」ダイコンの時価（売価）はいくらか、と聞かれれば、誰でも「一本　二〇〇円」と答えるであろう。では、「売れ残った」ダイコン九九本の時価（売価）はいくらであろうか。

話をダイコンからカブに変える。A社は、昔一株について五〇〇円で買ったB社株一〇〇万株を一株一〇〇〇円で売りに出したとする。そのうち、一万株については買い手が見つかったが、残りの九九万株は売れなかったとしよう。では、売れ残った九九万株（九九％）のB社株は、時価いくらであろうか。

考えるまでもなく、売れ残った九九万株は一〇〇〇円では売れなかったのである。「売りの条件」を一株九〇〇円まで落とせば、もう少し売れるかもしれない。七〇〇円まで下げれば半分くらいは売れるかもしれない。一〇〇万株を全部売りきるには、五〇〇円くらいまで下げなければならないのかもしれない。とにかく、一〇〇〇円で売れないことはたしかである。

会計学の常識か非常識か

こんなことは、経済学を学んだことがなくても、会計を知らなくても、誰にでも容易に想像がつく。ごく普通の経済感覚があればわかる。

ところが、会計の世界では、こうした「国民の常識」「誰もが共有する経済感覚」が働かないのである。会計では、いや、時価会計ではといったほうがよい。時価会計では、「売れた一％の時価一〇〇〇円」を使って、「売れ残った九九％を時価評価する」のである。その結果、売れる価格が八〇〇円かもしれないし五〇〇円かもしれない株が、バランス・シートに一〇〇〇円と書かれるのである。

ここで考えていただきたい。もしも、残りの九九万株が実際には七〇〇円でしか売れないとすれば、どうなるであろうか。実際に売ってみれば七〇〇円でしか売れない株を一〇〇〇円と書き、五〇〇円の評価益を計上するのである。評価益五〇〇円のうち三〇〇円は「実現可能」でも「未実現」でもない。「実現不能な利益」である。貸借対照表の上では、時価評価した途端、一株について三〇〇円の「含み損」が発生するではないか。五〇〇円でしか売れないなら、一株について五〇〇円の「含み損」が発生するのである。

つまり、時価会計は「含み益を吐き出させる会計」といいながら、実は、一方で評価益を計上しておいて、他方で「含み損を作る会計」なのである。もし、この残りの九九万株を市場で売っていたらどうなるであろうか。そのときは、この「含み損が実現」してしまう。

つまり、「売れば損失（売却損）が出て、売らずにいれば利益（評価益）が出る」のである。売らずにいたほうが利益が出るなどというのは、経済法則をまるで無視している。こんな会計は、ちょっと考えただけで詐欺的としかいいようがない。

あえて付言しておきたい。ダイコンもカブ（株）も生鮮食品だということを。今日売れなかったダイコンは、明日にはしなびてしまって商品にならないかもしれない。会社のカブも、売るタイミングを逃せば、明日には会社が破綻して紙くずになるかもしれないのである。夕方に売れ残ったダイコンを、今朝売れた価格（時価）と同じ値打ちがある、などと考える経済音痴のお百姓さんなど一人もいない。

「株は、少しずつ売れば、時価で売れる。だから、含み益は実現可能だ」という人もいる。その限りにおいては正しいかもしれない。しかし、そうすると、期末に時価評価するということは、「次期になってから少しずつ売れば実現できる利益」を、前期末に前倒しで計上しようというものので、「次期以降の将来利益を当期に計上する」ことになる。エンロンやワールドコムがこの手で倒産したことを思い出して欲しい。

現代会計は、期間損益計算をしているのである。そこでは、その期に稼いだ利益だけを計算する。将来に稼ぐかも知れない利益（含み益）までも当期の利益とするようでは、「いま、〇〇に投資したら、何倍にもなりますよ」といって電話で勧誘するいかがわしい商法と変わらないではないか。

なぜ、クロス取引だけを否認したのか
――期末の時価評価はいいけど期中の時価評価はダメという不思議

このことについては他の個所（田中、二〇〇二年a、三〇五―三〇九頁）で述べたので、ここでは簡単に要点だけを述べる。

これまで、わが国の企業は、クロス取引というマジックを使って、益出し、株価操作を繰り返してきた。

クロス取引は、益出しのために、保有する株式をいったん売却してこれを買い戻すときに、買い手と売値をあらかじめ決めておく取引をいう。クロス取引の相手として、しばしば証券会社が

使われる。

いったん証券会社に買って貰って（これで、売却益を計上することができる）、後で、同じ価格で買い戻すのである。本来、大量の株を売りに出せば株価はかなり下がるが、クロス取引を使えば価格を下げる心配もない。

ところが、公認会計士協会の「金融商品会計に関する実務指針」第四二項では、このクロス取引を、原則として売買とは認めないことにした。金融商品会計基準には、金融資産・負債の消滅を認識する要件のひとつとして、「譲渡人が譲渡した金融資産を当該金融資産の満期日前に買戻す権利及び義務を実質的に有していないこと」（第二、二、1、(3)）を掲げている。クロス取引はこの要件を満たしていないというのである。

妙な話である。クロス取引は「期中における時価評価」であり、基準のいうように金融資産の消滅要件を満たしていない。期中の時価評価を認めないのであれば、「期末の時価評価」も認めるべきではないであろう。期末においても消滅要件を満たしていないのだから。期末の時価評価とクロス取引は、架空の利益を計上するという点で、まったく同じことである。

クロス取引が「譲渡の要件」を満たしていないから利益の計上を認めないということは、「保有を続ける有価証券には利益が生じない」ということを認めたのと同じである。もともとクロス取引は、外部との取引のように仮装して、保有する有価証券の含み益を仮装実現するものであり、その実質は期中における時価評価である。クロス取引を否認するなら、期末の時価評価も、同じ理由から否認するのが筋ではなかろうか。

クロス取引による益出しが否認されたために、有価証券の評価方法を悪用して益出しをする企業がでてきた。例えば、昔、一株一〇〇〇円で買った株を一〇〇万株持っているとする。原価は一〇億円である。このとき、この株を売らずに利益をひねり出す方法がある。

まず、市場から一株三〇〇〇円で一〇〇万株を買い増す（原価三〇億円）。有価証券の原価は、総平均法か移動平均法で計算するので、買い増すと、平均単価一株二〇〇〇円になる（一〇億円＋三〇億円で、取得原価は四〇億円。四〇億円÷二〇〇万株＝二〇〇〇円）。

そこで買ったばかりの一〇〇万株を時価の三〇〇〇円で売却すれば、一株について一〇〇〇円、合計一〇億円の益出しができる。

こうした手を使えば、クロス取引を否認する規定に抵触することなく、含み益を実現することができる。時価会計になっても、含み益は温存・活用され、依然として含み経営は続けられているのである。

なぜ、「満期保有」の一部を売ると債券全体の区分を否認するのか――ルールに従えば真実を示せなくなる不思議

「金融商品会計に関する実務指針」第八三項によれば、満期保有債券に分類した債券を、資金繰りの必要からとか債券価格が上がったからといって売却すれば、満期保有債券に区分した残りの債券は、すべて、売買目的有価証券に分類替えしなければならない（監督官庁の指導や法律の改正などがある場合は除かれる）。

つまり、満期まで保有するという約束を破ったのであるから、ペナルティとして、残りの「満期保有債券」も売買目的と認定して、時価評価させるのである。時価評価されたくないとばかり安易に「満期保有」に区分したら、満期まで売ってはならない、もし、途中で一部でも売却したら、ペナルティとして、残りの債券を火あぶりにするぞ、というのである。

これなど、いくら国際会計基準でも採用しているといっても、会計のルールが取るべき手段ではない。子どもが「ウソついたら針千本飲ーます」というのと変わりがない。第一、そんなことをすれば、市場の動向や資金事情などから判断して、満期保有に区分してある債券をわずかなが

ら処分する必要に迫られたとしても、後の「針千本」が怖くて、みすみす高く売れるチャンスを逃したとか、やむをえず高い金利の資金を借りたとか、企業にとって不利なことを受け入れざるをえない。

万が一、やむにやまれず債券の一部を売却したとすれば、残りの債券を売却する意図がなくても、無理やり、売買目的有価証券に分類替えさせられるのである。企業が、「残りは満期まで保有する」と考えていても、そうした企業の意図は無視される。結局、企業に対するペナルティが優先適用され、投資者に企業の意図を伝えることは考慮されない。ルールに従えば、企業の意図も実態も示せなくなるのである。

なぜ、デフレ下に時価会計を採るのか
——「回収しなくてよい資本」の不思議

時価会計はインフレ退治

会計の歴史は、時価会計の歴史だといってもよい。より正確には、「時価会計の失敗の歴史」である。これまでに主張されたり実践された時価会計は、ほぼ間違いなく、インフレによって計

上される架空利益を排除することを狙いとしていた。つまり、時価会計はインフレ退治やインフレ利益圧縮の策として工夫されてきたものである。

今回、わが国が導入した時価会計は、有価証券等の「含み益」を吐き出させることに狙いがあった。ところが、上述したように、設定された基準や改正商法によれば、含み益は見事なまでに温存される仕組みになっている。

それ以上に問題なのは、経済環境が変わって株価は下落し、今では、時価会計が「損出し」になってしまったことである。会計の歴史の中で、デフレ下で時価会計を実施した例はない。どこの国も、デフレ下に時価会計を採ったときに何が起きるかをよく認識している。時価会計はデフレの促進策でしかないのである。

デフレ下で時価会計を採ったときに何が起きるかを簡単な例で示そう。最初に、通常の状況（インフレもデフレもない状況）における会計と財務の話をする。会計としては、インフレ会計でもなければデフレ会計（そういう会計があるとして）でもない、貨幣価値が安定していることを前提とした会計である。

いま、ある会社で、一〇〇〇万円の工作機械を買ったとしよう。耐用年数が三年、残存価額が一〇％、定額法で償却し、三年後に買い換える予定である。減価償却により三年間で回収・内部留保される資金は九〇〇万円で、除却によりスクラップとして売却したときの収入が一〇〇万円とする。三年後には、投下した資本と同額の一〇〇〇万円が回収されるのである。

三年後にこの機械を買い換えるとき、機械の価格が一〇〇〇万円であれば、財務上、買い換えには何の支障もない。個別価格の変動と価格水準の変動を同一視することはできないが、ここでは、価格水準の変動も個別価格の変動も軽微であるとする。

インフレの進行に伴って機械が値上がりして、更新には一三〇〇万円必要になったとする。上の減価償却では、更新の資金が三〇〇万円不足する。この三〇〇万円を会計としてどう考えるかについて、二つの考え方がある。一つは、会計の利益計算を「投下した名目資本の回収」と見るもので、もう一つは、利益とは、「投下した物財を物的に維持した後に残る資金」と見るものである。

名目資本維持と実体資本維持

会計の利益計算を「投下した名目資本の回収」と見る観点は、「名目資本維持会計」と呼ばれる。原価主義会計といってもよい。ここで「名目資本」とは、「資本として投下した貨幣の金額」のことで、貨幣価値が変わろうとも、資本として投下した一〇〇〇万円を回収するには一〇〇〇万円ちょうどでよいと考える。

この観点からは、この不足額三〇〇万円は回収した資金以外の財源から調達すればよい。稼いだ利益を充当してもよいし、手許の資金が足りなければ借り入れるなり新株を発行するなりして資金を調達することもできる。他にも、リースを利用するなり、より安い機械で我慢するなり、解決の方法はいくらでもある。どの解決法を採るかは、会計の問題ではなく、経営判断だと考える。

もう一つの考え方を「実体資本維持会計」というが、この考え方によれば、減価償却によって回収するのは貨幣の名目額ではなく、買い換えに必要な資金一三〇〇万円と考える。なぜなら、こうした考えを支持する論者は、維持すべき資本とは物的数量的な大きさであり、それを維持・回収した後の余剰が利益だと考えるからである。

この実体資本維持会計では、損益計算で計上する費用を資産の買い換え・更新に必要な時価で測定することから、「費用時価主義」といってもよい。費用を時価で測定するためには、該当する資産（商品や固定資産）を時価評価する必要があるので、資産も費用も時価で測定される。ただし、最近の時価会計とは違って、費用を時価で測定することにアクセントがある。

原価主義会計では、一〇〇〇万円の資金が回収されれば、その後に残る余剰は利益だと考える。実体資本維持会計という時価主義では、資産の更新に必要な資金が回収されなければ利益は出ないと考える。前者の資本は一〇〇〇万円であり、後者の資本は一三〇〇万円である。

長くなったが、以上は、以下に述べる話の準備である。

では、一〇〇〇万円で買った機械が、今、六〇〇〇万円しかしていないとしたら、実体資本維持会計（時価会計）では、資本をいくらと考えるのであろうか。機械の更新には、六〇〇〇万円しかいらない。六〇〇〇万円で買い換えられるのであれば、維持すべき資本は投下した一〇〇〇万円のうち六〇〇〇万円だけで、残りの四〇〇〇万円は維持しなくてよい資本、つまり利益として処分してもよいことになる。

機械が値上がりしたら値上がり分を資本として維持するという考えを価格が下落したケースに適用すれば、価格下落分は維持する必要のない資本、つまり利益とするしかない。それでよいのであろうか。

六〇〇万円のワープロと三万円のパソコン

今では、誰の研究室にも、どこの家庭にも、ワープロやパソコンがあるが、わが国で初めて東芝がワープロ（ＪＷ－一〇）を開発したとき、一台六〇〇万円もした。当時すでに、カナ漢字変換、編集・学習機能を備えていたという。この領域の科学技術が急速に発達して、五年後には、ワープロの平均価格は一二万五〇〇〇円までに下がっている。

当時のワープロは、大きさも教卓ほどであったが、いまでは、厚さ二センチ、Ｂ５サイズのノートブック型が安く手に入る。東芝が初めて開発したワープロと、同じサイズ・同じ機能のワープロやパソコンは、捜しても手に入らない。もちろん、今から見て、そんな低機能で高価なじゃまものは誰も買わない。

東芝が開発した六〇〇万円のワープロを買った会社があったとしよう。この会社が五年後にワープロを買い換えるとしたら、一二万円あればよかった。今では、三万円もあれば十分であろう。こうしたとき、実体資本維持会計という時価主義では、投下した資本は六〇〇万円でも、回収・維持する必要があるのは三万円で、後の五九七万円は回収しなくても物的・数量的には資本が維持でき、五九七万円は利益と考えるというのであろうか。

物的・数量的な大きさを維持した後に残るものが利益であるとすれば、利益を大きくしたければ古い機能のままの設備に買い換えればよいことになる。六〇〇万円のワープロを買い換えるときに、三万円のパソコンで済ませれば、巨額の利益を計上できる。

「維持しなくてもよい」資本

もしも、そうしたことが経営上許されるのであれば、科学技術が進歩するという外的要因だけで利益が生まれることになる。利益を上げたければ、古い機械と同じレベルの機能を持った低価格品に買い換えればよい。大メモリーのパソコンや高速のプリンターに買い換えるなど、もってのほかということになる。

今日のように科学技術の進歩が著しい時代では、同じ機種を買い求めることはもとより、同程度の機能のものを見つけるのも困難であろうし、仮に見つかったとしても、同程度の機能のもので済ませていては、次第に資本を喪失してしまうし、どんどん時代から取り残されてしまう。

今はデフレ期である。財やサービスの価格は下落傾向にある。特に、不動産の価格下落は著しい。デフレ期に実体資本維持などという時価会計を採れば、維持・回収すべき資本が少なくなる。企業の富と資本を減少させる危険のある実体資本維持という時価会計が経営者からさえも受け入れられないことは明らかである。

ここでは、実体資本維持という名で展開される時価会計を検討した。このテーマについては、別のところ（田中、二〇〇二年ａ、第六章）で詳論したので参照されたい。

「時価会計の不思議」はまだまだ、いくらでもある。本章では、そのいくつかを紹介した。不思議のすべてを紹介する必要はない。ここで紹介した不思議だけでも、時価会計がいかに論理性を欠くものか、時価会計がどれだけ世評と違うものかは分かっていただけるであろう。こんな筋の通らない時価会計に、日本中が振り回され、産業界も金融界もずたずたにされているのである。

右にも書いたが、今では、産業界の人たちも金融界の人たちも、会計界の人たちも、みんな、誰かが「時価会計はやめよう」といい出すのを待っている。微力ながら、小さな音ながら、わたしは会計界の whistleblower の一人として、「時価会計はやめよう」というメッセージを送りつづけたい。

エピローグ――戦略なき国家、ニッポン

「国際的な統一ルールを決めるということは、そもそもヘゲモニー（主導権）を争奪する闘いなのであり、どちらが正邪かを問う神学論争ではないのである。
　アングロ・サクソンの主張がまかり通っているのは、彼らの価値観が正しいからでも優れているからでもなんでもなく、単に多数派を制する狡知にたけていたということに過ぎない。」

――関岡英之著『拒否できない日本』

三年ほど前になりますが、一橋大学の安藤英義教授が、企業会計審議会総会（平成一一年一〇月二二日）の席で、こんな重要な発言をしています。議事録のまま紹介します（http://www.fsa.go.jp/p_mof/singikai/kaikei/gijiroku/a111022.htm）。

「安藤委員――固定資産の会計処理の見直し、検討するということはしょうがないのかもしれないんですけど、特に私、商法会計を長くやっていまして、その観点から言いますと、これでもしも固定資産にまで時価会計が及ぶということになると、言いたいことは、根本的に会計制度が変わっちゃうことが、これは皆さん常識で分かると思うんです。今のところでは流動資産とか金融商品ということで限られているんですけど、これで今度、固定資産も時価会計というと、オールの資産が時価で評価するということになっていくわけですね。

そうしますと、商法も巻き込んだ議論になっていくと思いますけど、例えば、配当可能利益の今の二九〇条のような配当規制がひょっとしたら根本から変わっちゃうかもしれないというような気もいたしますし、これは大変大きな影響があると思いますね。少なくとも今までの会計のテキストは全部役に立たないというのは常識ですし、それから、企業会計原則ももう一回全部やり直しということで、本当に日本の会計が言語だとすれば、言語を作り替えるというに等しい大きなインパクトがある。もちろん現場の実務の方、企業の方、財界の方は影響を受けるわけですけど、我々学者としても、これは大変な問題だという気がいたします。ですから、十分時間をかけて、国際的な付き合い大事ですけど、場合によったら、日本語をやめて、英語にしようという話かもしれないという覚悟でやっていただきたいと思います。」

安藤教授の発言を審議会のメンバーがどう受け止めたかは知りませんが、教授の発言は、決して奇異なこと、極端なことを言っているわけではないのです。むしろ、このまま英米主導の会計に流されていくとたどり着く「日本の近未来」を正確に予言しているように思えるのです。その話をします。

今は、会計基準と監査基準を国際的に統一する段階ですが、これが一段落して世界中がアメリカ型あるいは英米型会計基準を採用するようになれば、次にはいよいよご本尊がお出ましになるでしょう。

ご本尊とは、本書の冒頭「読者へのメッセージ」でも書きましたように、「公認会計士資格の国際統一」です。

会計基準と監査基準を国際的に統一しても、それを各国の企業が適正に適用しているかどうか、結果として作成された財務諸表が、国際会計基準の観点から見て企業の経営成績と財務状態を適正に示しているかどうか、そうした重要な判定をするのは、現在のところ、各国の試験によって資格を得た公認会計士です。

企業の生き死にまでも決めるほどに重要な判断を下す会計士の資格が、教育内容も試験科目も国によってばらばらであっては、その判断もばらつきかねません。現在の状況では、ある国の試験を通って資格を得た会計士が「適正」と判断した財務諸表であっても、別の国の会計士から見ると「問題あり」ということになってもおかしくはないのです。

そこで、近い将来、英米が、「会計士の資格も国際的に統一するべきである」といってくるのは目に見えています。

もしかしたら、そういうことを言う前に、英米から、「日本の会計士試験は、日本の商法とか日本の会計基準をベースとしており、国際会計基準も英米法も試験の範囲に入っていない」ので、「日本の会計士資格だけでは、トヨタやソニーのような国際企業の監査を担当する資格として不十分だ」といってくることも考えられます。

こんな話をすると、ピンと来ることがあると思います。そうです、日本企業の英文財務諸表に書かされている、会計基準に関する「レジェンド（警告文）」です。日本が国際基準を導入すれば、「会計基準に関するレジェンド」は消えるでしょう。しかし、次は「会計士の資格」「試験制度」「受験資格」「試験内容」という「会計士資格に関するニュー・レジェンド」です。

ニュー・レジェンドはきっと、「この財務諸表は、国際的な資格を持つ会計士によって監査されたものではない。」とでも書かされるのでしょうか。

アメリカが要求するのは、まずは国際語という「英語による公認会計士試験」であり、受験資格も「一定の教育水準に達しているという認定を受けた大学」で、「必要な単位を取得」した卒業生に限定される可能性があります。日本の大学で右の認定を受けることができるのは、何校あるでしょうか。

試験では、国際会計基準とコモンローに従って答案を書かなければならないでしょう。既に資格を取得している日本の会計士も、それはローカルな資格だから、もしもソニーとかホンダのような国際企業の監査を担当する場合には、改めて、国際的な、つまり、英語による試験を受け直すことも要求されかねないのです。

そうなったら、右の安藤教授の発言にもあるように、日本語で書かれた会計学のテキストは会計士試験の役には立たなくなります。日本人の「国際公認会計士」が少なければ、日本企業の監査とコンサルティングは、英米の、いわゆるビッグ・フォーに侵略されかねません。

監査人が英米人となれば、企業間取引の契約書はもとより、役員会の議事録も従業員が書く日報も、すべて英語で書くように要求されるでしょう。契約書や議事録が日本語で書かれたのでは、監査人（英米人！）が読めないので、監査の仕様がないからです。

そんな話にはならない、と思いますか。会計の隣の領域では、それがもう現実となっているのです。関岡英之氏は、国際金融の世界について次のように述べています。


「国際金融の世界ではもはやそれ（近い将来、日本企業同士の取引であっても米国法を根拠法として行われ、契約書はすべて英語で書かれるという未来図）はフィクションではなく、契約書はすべて英文、根拠法は英米法、というのが既成事実としてすでに定着している。」（一四二頁）

「国際金融」の世界がそうなら、「国際会計」の世界がそうならないという保証はありません。

では、日本としてはどうしたらよいでしょうか。日本の企業と経済界がアメリカ型会計基準（既に書きましたように、アメリカ基準は、自国の火を消すための消火基準です）からの被害から身を護り、かつ、国際社会において自国の利益を確保していくためには、何をしたらよいでしょうか。

一つの対策は、本文で書きましたように、わが国が国際的な基準を導入するときは、国際的な事業展開をしている企業および国際的に資金調達している企業の、「連結財務諸表」にだけ適用することであろうと思います。詳しくは本文で書きましたから、繰り返しません。

もう一つ、グローバル・スタンダードの設定過程において、もっともっと日本の利害を反映させる必要があるでしょう。その方法の一つは、名城大学の伊藤秀俊教授が提案されるように（第3章補論を参照）、英米以外の国々と連携を取って、英米とは違った文化や会計があることを国際的に認知させることであろうと思います。

本書でたびたび引用している関岡英之氏の提言を、ここでもう一つ紹介します。

「日本が本気で自国の利害を国際的な統一ルールに反映させたいと望むのなら、NIESやASEANなどのアジア諸国を仲間に引き入れ、ヨーロッパ大陸のフランスやドイツと連携し、早い段階から多数派工作を展開すべきだったのだ。これこそ本来、日本が採るべき戦略であった。」（関岡英之、二〇〇四年、九六頁）

読者の皆さんには、是非とも、関岡氏の『拒否できない日本――アメリカの日本改造が進んでいる』（文春新書）をお読みいただきたいと思います。本書を読むと、現在わが国で行われている司法改革も商法の大改正も、すべてアメリカ政府の差し金だということがよく分かります。公認会計士や弁護士などの国家資格を国際的に統一していこうという動きも、「アメリカの壮大な戦略」の一部なのです。

関岡氏の本に出会ったのは、実は、文京学院大学の菊池英博先生のおかげです。菊池先生とは、あちこちで仕事をご一緒させていただいていますが、ある日、確か、衆議院の議院会館で開かれた会議のときだったと記憶していますが、菊池先生がこの本を何冊も持参されて、出席された国会議員の先生に配られていました。私もおこぼれに与かったのですが、帰路、横須賀線の電車の中で、夢中になってこの本を読みました。

関岡氏は、こんなことも指摘しています。あまたの会計学者・会計士が、世界の流れに押されて、言いたくても言えなかった一言です。

「今後のグローバル・スタンダード決定プロセスにおいて、アングロ・サクソン包囲網の中、日本の国益を確保していくのは至難の業であろう。なかでも『時価会計』の問題がその最たるものだ。……

アングロ・サクソンとは異なる伝統を持つヨーロッパ大陸の国々でも、時価会計に対する不満が日本と同じように顕在化しつつあると聞く。もしそうだとすれば起死回生のチャンスだ。日本はむしろカネと人をつぎ込んで、フランスやドイツを煽動してまわるぐらいの根性で巻き返しを図るような戦略性が必要ではないか。」（関岡英之、二〇〇四年、一〇六、一一三頁）

そうした動きがないわけではありません。最近、日本経団連と欧州産業連盟（ＵＮＩＣＥ）が共同で、ＩＡＳＢの「全面時価主義的な考え方」に対して「断固反対」するとして次のような声明を発表しています。

「利用者や作成者のニーズや、根本的な概念の変更に伴う経済的影響を精査することもなく、全面時価主義的な考え方を採ることには、理論面及び実践面での問題も孕んでおり、経済界は、断固として反対する。」『国際会計基準に関する共同声明（JOINT STATEMENT ON INTERNATIONAL ACCOUNTING STANDARDS）』（二〇〇四年四月一九日）（原文は英文）

本文でも紹介しましたが、ＪＷＧの「全面時価会計」には、日本の経済産業省や会計士協会だけではなく、世界中のあらゆる機関から批判が集中しました。

こうした動きが、日本でもヨーロッパでも大きなうねりとなることを期待しています。私は、会計基準を使った英米の侵略からわが身を護り、より積極的に、わが国の国益に資する国際会計基準作りをするにはどうしたらよいか、読者諸賢と一緒に考えていきたいと思っています。

参考文献

赤木昭夫「エンロン事件　ひとつの時代の自壊」『世界』二〇〇二年一二月
磯山友幸著『国際会計基準戦争』日本経済新聞社、二〇〇二年
伊藤邦雄「連結会計——企業買収と投資消去差額の処理と表示」『事例研究　現代の企業決算　一九九一年版』
中央経済社、一九九一年
伊東光晴「時流の追随する人たちへ」『This is 読売』一九九八年五月
井尻雄士「アメリカ会計の変遷と展望」『会計』一九九八年一月
井尻雄士「アメリカのファイナンシャル・レポーティング」『企業会計』一九九九年九月
内橋克人著『〈節度の経済学〉の時代——市場競争至上主義を超えて』朝日新聞社、二〇〇三年
宇野典明「生命保険監督会計における負債公正価値評価のパラドックス」生保財務会計研究会『生命保険会社と時価会計2』二〇〇〇年、所収
越智道雄著『ワスプ（WASP）——アメリカン・エリートはどうつくられるか』中公新書、一九九八年
姜　尚中・吉見俊哉「グローバル化の遠近法」『世界』一九九九年六月
菊池英博「『公的資金新法』は金融恐慌と経済破滅を招く」『金融ビジネス』二〇〇四年三月

菊池英博「景気浮上の陰で衰弱する日本の経済力」『世界週報』二〇〇四年六月一日
吉川元忠著『経済敗走』ちくま新書、二〇〇四年
R・クー著、楡井浩一訳『デフレとバランスシート不況の経済学』徳間書店、二〇〇三年。Richard C.Koo, *BALANCE SHEET RECESSION : Japan's Struggle with Uncharted Economics and it's Global Implications*, John Wiley & Sons(Asia)Pte Ltd., 2003.
P・クルーグマン著、三上義一訳『嘘つき大統領のデタラメ経済』Paul Krugman, *THE GREAT UNRAVELING……Losing Our Way in the New Century*, 2003.
ジョン・グレイ著・石塚雅彦訳『グローバリズムという妄想』日本経済新聞社、一九九九年。John Gray, *FALSE DAWN : The Delusions of Global Capitalism*, Granta Publications, 1998.
幸田真音著『凛冽の宙』小学館、二〇〇二年
幸田真音著『代行返上』小学館、二〇〇四年
佐伯啓思、榊原英資、西部邁、福田和也「アメリカニズムを超えて」『諸君!』一九九八年一〇月
佐藤信彦編著『国際会計基準制度化論』白桃書房、二〇〇三年（二〇〇三年a）
佐藤信彦編著『業績報告と包括利益』白桃書房、二〇〇三年（二〇〇三年b）
澤邉紀生「金融監督目的と時価会計」『証券経済』第一九一号一九九五年三月
ジャン・ジグレール著・渡辺一男訳『私物化される世界――誰がわれわれを支配しているのか』阪急コミュニケーションズ、二〇〇四年。Jean Ziegler, *DIE NEUEN HERRSCHER DER WELT UND IHRE GLOBALEN WIDERSACHER*, 2002.

島原宏明著『企業会計法の展開と論理』税務経理協会、二〇〇三年
S・E・スクワイア、C・J・スミス、L・マクドゥーガル、W・R・イーク著、平野皓正訳『名門 アーサーアンダーセン 消滅の軌跡』シュプリンガー・フェアラーク東京、二〇〇三年。S.E.Squires, C.J.Smith, L.McDougall and W.R.Yeach, *INSIDE ARTHUR ANDERSEN : SHIFTING VALUES, UNEXPECTED CONSEQUENCES*, Pearson Education.Inc., 2003.
J・E・スティグリッツ著・鈴木主税訳『人間が幸福になる経済とは何か――世界が九〇年代の失敗から学んだこと』徳間書店、二〇〇三年。J.E.Stiglitz, *THE ROARING 90's*.
鈴木芳徳著『金融・証券ビッグバン――金融・証券改革のゆくえ』御茶の水書房、二〇〇四年
生保財務会計研究会『生命保険会社と時価会計2――その影響と課題――生保財務会計研究会報告書』生命保険文化研究所、二〇〇〇年
関岡英之著『拒否できない日本――アメリカの日本改造が進んでいる』文春新書、二〇〇四年
副島隆彦著『世界覇権国アメリカの衰退が始まる』講談社、二〇〇二年
高尾義一「アメリカン・バブル破裂の恐怖」『文藝春秋』二〇〇二年一〇月
高寺貞男「投資家のための会計から投機家のための会計」『会計』第一五九巻第六号（二〇〇一年六月）
高寺貞男「公正価値会計における利益特性の退化」『大阪経大論集』第五四巻第四号（二〇〇三年一一月）
田中 宇著『アメリカ以後――取り残される日本』光文社新書、二〇〇四年
田中 弘著『イギリスの会計基準――形成と課題』中央経済社、一九九一年
田中 弘著『イギリスの会計制度』中央経済社、一九九三年

田中　弘著『会計学の座標軸』税務経理協会、二〇〇一年
田中　弘著『時価主義を考える（第三版）』中央経済社、二〇〇二年（二〇〇二年a）
田中　弘「間違いだった時価会計」『VOICE』二〇〇二年六月（二〇〇二年b）
田中　弘「ギャンブラーたちの企業会計」『VOICE』二〇〇二年一〇月（二〇〇二年c）
田中　弘「時価会計がモラルを崩壊させる」『エコノミスト』二〇〇二年一〇月八日（二〇〇二年d）
田中　弘著『原点復帰の会計学（第二版）』税務経理協会、二〇〇二年（二〇〇二年e）
田中　弘「生命保険事業における時価会計の影響と業界の対応」『神奈川大学商経論叢』第三八巻第一号、二〇〇二年八月（二〇〇二年f）
田中　弘著『時価会計不況』新潮社、二〇〇三年（二〇〇三年a）
田中　弘「錬金術にまみれたアメリカ企業社会」『わからなくなった人のためのアメリカ学入門』洋泉社、二〇〇三年（二〇〇三年b）
田中　弘「時価会計の七不思議」神奈川大学経済学会『商経論叢』二〇〇三年三月（二〇〇三年c）
田中　弘「アメリカ会計基準の正統性」神奈川大学経済学会『商経論叢』二〇〇三年六月（二〇〇三年d）
田中　弘「時価会計不況」『租税研究』二〇〇三年一一月（二〇〇三年e）
田中　弘「金融ビッグバンと会計改革から学んだこと」『会計』二〇〇四年二月（二〇〇四年a）
田中　弘「アメリカ会計の功罪――四半期報告、包括利益、合併会計、減損会計――」神奈川大学経済学会『商経論叢』二〇〇四年六月（二〇〇四年b）
武田隆二著『最新財務諸表論（第八版）』中央経済社、二〇〇二年（第九版は、二〇〇三年）

都留重人著『地価を考える』岩波新書、一九九〇年
寺澤聡子「時価会計制度に関する企業の意識調査（下）」『金融財政事情』二〇〇一年一月一五日
ロナルド・ドーア著・藤井眞人訳『日本型資本主義と市場主義の衝突――日・独対アングロサクソン』東洋経済新報社、二〇〇一年。Ronald Dore, *STOCK MARKET CAPITALISM : WELFARE CAPITALISM*, 2000.
友杉芳正他「（円卓討論）岐路に立つ会計制度とその改革を巡る諸問題」『会計』第一六五巻第二号（二〇〇四年）
丹羽宇一郎「さらば、落日の経済大国」『文藝春秋』二〇〇二年一〇月
西川郁生著『国際会計基準の知識』日経文庫、二〇〇〇年
西村清彦著『日本の地価の決まり方』ちくま新書、一九九五年
野口悠紀雄著『土地の経済学』日本経済新聞社、一九八九年
野口悠紀雄著『ストック経済を考える　豊かな社会へのシナリオ』中公新書、一九九一年
葉山　元著『国富消失』新潮新書、二〇〇三年
F・パートノイ著、森下賢一訳『大破局（フィアスコ）――デリバティブという「怪物」にカモられる日本』徳間書店、一九九八年。F.Partnoy, *F.I.A.S.C.O.*, W.W.Norton & Company, 1997.
浜田　康著『不正を許さない監査――会計情報はどこまで信用できるか』日本経済新聞社、二〇〇二年
日高義樹著『アメリカの世界戦略を知らない日本人』PHP研究所、二〇〇三年
東谷　暁『グローバル・スタンダードの罠』日刊工業新聞社、一九九八年
東谷　暁「ジャック・ウエルチ『勝ち逃げ』の罪」『文藝春秋』二〇〇二年一〇月

平松一夫・柴健次編著『会計制度改革と企業行動』中央経済社、二〇〇四年
広瀬義州「企業会計の国際的調和化と国内的調和化」『旬刊商事法務』第一五〇〇号、一九九八年八月一五日
広瀬義州著『財務会計（第四版）』中央経済社、二〇〇三年
広瀬義州・田中　弘・平松一夫・伊藤邦雄（座談会）「国際会計基準とわが国会計制度の課題」『税経通信』二〇〇〇年五月
藤田晶子「のれんとブランドの会計」『税経通信』二〇〇〇年一月
M・ブルースター著、友岡賛監訳、山内あゆ子訳『会計破綻――会計プロフェッションの背信――』税務経理協会、二〇〇四年。Mike Brewster, *UNACCOUNTABLE : How the Accounting Profession Forfeited a Public Trust*, John Wiley & Sons, Inc., 2003.
別冊宝島『粉飾列島』宝島社、一九九八年
森田義男著『公示価格の破綻』水曜社、二〇〇四年
西川　登「原価基礎発生基準会計の現在・過去・将来」神奈川大学経済学会『商経論叢』第三六巻第四号、二〇〇一年三月
ビル・トッテン「アメリカに学べば会社が滅ぶ」『VOICE』二〇〇二年一〇月
サミュエル・ハンチントン著・鈴木主税訳『文明の衝突』集英社、一九九八年。Samuel Huntingtor, *THE CLASH OF CIVILIZATIONS AND THE REMAKING OF WORLD ORDER*, Simon & Schster, 1996.
グレン・S・フクシマ「『グローバル・スタンダード』は和製英語だ」『諸君！』一九九八年一〇月

辺見　庸「われわれはどんな曲がり角を曲がろうとしているのか」『世界』一九九六年六月
村上陽一郎著『安全学』青土社、一九九四年
森山弘和「企業評価手法を用いたブランド価値の測定」『税経通信』二〇〇〇年七月
矢部　武著『アメリカ病』新潮社、二〇〇三年
弥永真生著『商法計算規定と企業会計』中央経済社、二〇〇〇年
柳田宗彦「米国生命保険会社会計の現状」『生命保険経営』第六九巻第五号、二〇〇一年九月
若田部昌澄著『経済学者たちの闘い』東洋経済新報社、二〇〇三年
「生保経営を揺るがす負債時価評価の衝撃」『週刊東洋経済』二〇〇二年八月二四日

B.Carsberg and M.page(eds.), *Current Cost Accounting : the Benefits and the Costs*, Prentice–Hall International and the Institute of Chartered Accountants in England and Wales.
The CCA Monitoring Working Party, *Interim Report of the CCA Monitoring Working Party*, 1983.
The Inflation Accounting Committee, *Inflation Accounting : Report of the Inflation Accounting Committee*, HMSO, 1975.
R.Leach and E.Stamp(eds), *British Accounting Standards : The First 10 Years*, Woodhead–Faulkner, 1981.
Joint Working Group of Standard–Setters, *Financial Instruments and Similar Items*, 2000.

C.A.Westwick, 'The Lessons to be Learned from the Development of Inflation Accounting in the UK', *Accounting and Business Research*, Autumn, 1980.

D.Tweedie and G.Whittington, *The Debate on Inflation Accounting*, Cambridge University Press, 1984.

R.Leach, 'The Birth of British Accounting Standards, in R.Leach and E.Stamp(eds.), *British Accounting Standards : The First 10 Years*, Woodhead–Foulkner, 1981.

し

す

和 文 索 引

欧 文 索 引

☆　著者のプロフィール　☆

田　中　　弘（たなか　ひろし）
神奈川大学教授・商学博士（早稲田大学）

1943年札幌に生まれる。

早稲田大学商学部を卒業後，同大学大学院で会計学を学ぶ。貧乏で，ガリガリに痩せていました。博士課程を修了後，愛知学院大学商学部講師・助教授・教授。

この間に，学生と一緒に，スキー，テニス，ゴルフ，フィッシングを覚えました。

1993年より　神奈川大学経済学部教授。

2000年－2001年ロンドン大学（LSE）客員教授。

公認会計士２次試験委員，大蔵省保険経理フォローアップ研究会座長，
郵政省簡易保険経理研究会座長，保険審議会法制懇談会委員などを歴任。

日本生命保険相互会社総代・業務監視委員
横浜市監査事務局委員会委員
英国国立ウェールズ大学経営大学院（東京校）教授（非）
日本アクチュアリー会客員
Ｅメール　akanat@mpd.biglobe.ne.jp

最近の主な著書
『会計学の座標軸』税務経理協会，2001年
『原点復帰の会計学―通説を読み直す（第二版）』税務経理協会，2002年
『管理職のための新会計学』税務経理協会，2002年
『時価主義を考える（第３版）』中央経済社，2002年
『経営分析―会計データを読む技法』中央経済社，2003年
『時価会計不況』新潮社（新潮新書），2003年
『会社を読む技法―現代会計学入門』白桃書房，2006年
『財務諸表論の学び方―合格答案を書く技法』税務経理協会，2006年
『新財務諸表論（第３版）』税務経理協会，2007年
『わしづかみ　会計学を学ぶ』（共著）税務経理協会，2008年
『わしづかみ　新会計基準を学ぶ(1)－(3)』（共著）税務経理協会，2008年
『基礎からわかる経営分析の技法』（共著）税務経理協会，2008年
『財務諸表論を学ぶための会計用語集』税務経理協会，2008年
『通説で学ぶ財務諸表論』（共著）税務経理協会，2009年

著者との契約により検印省略

平成16年8月20日　初　版　発　行
平成21年9月20日　初版第5刷発行

不思議の国の会計学

著　者　田中　弘
発行者　大坪嘉春
整版所　税経印刷株式会社
印刷所　税経印刷株式会社
製本所　株式会社　三森製本所

発行所　〒161-0033 東京都新宿区下落合2丁目5番13号　株式会社 税務経理協会
振替　00190-2-187408　電話(03)3953-3301(編集部)
FAX(03)3565-3391　(03)3953-3325(営業部)
URL　http://www.zeikei.co.jp/
乱丁・落丁の場合は，お取り替えいたします。

ISBN4-419-04450-0 C1063